47세 평범한 주부가 전국을 누비는
모바일 라이브커머스 쇼호스트가 되기까지

매출 10배 올려주는
라이브커머스
마케팅

매출 10배 올려주는
라이브커머스 마케팅

47세 평범한 주부가 전국을 누비는
모바일 라이브커머스 쇼호스트가 되기까지

초판 1쇄 인쇄 ㅣ 2023년 08월 25일
초판 1쇄 발행 ㅣ 2023년 09월 10일

지은이 ㅣ 이유진
펴낸이 ㅣ 최화숙
편집인 ㅣ 유창언
펴낸곳 ㅣ **이코노믹북스**

등록번호 ㅣ 제1994-000059호
출판등록 ㅣ 1994. 06. 09

주소 ㅣ 서울시 마포구 성미산로2길 33(서교동), 202호
전화 ㅣ 02)335-7353~4
팩스 ㅣ 02)325-4305
이메일 ㅣ pub95@hanmail.net ㅣ pub95@naver.com

ⓒ 이유진 2023
ISBN 978-89-5775-310-1 03320
값 19,000원

47세 평범한 주부가 전국을 누비는
모바일 라이브커머스 쇼호스트가 되기까지

매출 10배 올려주는
라이브커머스
마케팅

이유진(해피유진) 지음

이코노믹북스

47세의 평범한 주부가 핸드폰 하나로 전국을 누비며 라이브방송으로 제품을 판매할 수 있게 되기까지의 수많은 시행착오와 그 속에서의 경험 그리고 3년 동안 1000여 명의 소상공인 분들, 농업인들에게 강의하며 얻은 노하우까지 라이브커머스를 시작하는 당신을 위해 이 책에 모두 담았다.

"선생님 이번 주는 못 갈 거 같아요."
"남편이 코로나에 걸렸어요."
"선생님 이번 달은 쉴게요."

2020년 1월 미술지도를 하던 나는 학부모들로부터 수업에 올 수 없다는 전화나 문자를 많이 받게 되었다. 그 이유는 모두 코로나 때문이었다. 1월 한 달은 수업을 할 수 없게 된 것이 이제껏 바쁘게 지낸 나에게 선물 같은 휴식시간이라 솔직히 좋았다. 딸아이도 고등학교를 입학하기

전이라서 그동안 함께 시간을 보내지 못한 아쉬움을 채울 수 있는 시간이었다.

막연히 메르스 때처럼 해결될 것이라 생각했다. 잠시 이러다 말겠지. 뭐 조금 지나면 괜찮겠지라며… 그때는 몰랐다. 일상으로 돌아가는데, 3년 4개월이나 걸릴지 말이다. 그런데 2월을 지나 3월이 되면서 상황이 더 심각해졌다. 마스크 없이는 모든 활동이 어려운 상황이 되었고 약국은 물론이고 홈쇼핑이나 인터넷에서 마스크 구입을 위해 초를 다투는 상황이 되었다. 모두가 불안에 휩싸였다. 아니 불안을 넘어 두려움과 공포감이 몰려왔다. 연일 뉴스에서는 확진자 수와 병실부족에 관한 이야기가 방송되었고, 끊임없이 울려대는 확진자 동선을 알리는 스마트폰의 알림음과 메시지는 우리의 평범한 일상을 마비시키기에 충분했다.

나도 역시 두려움과 함께 고민하며 다른 일을 찾아보기 시작했다. 아니 무언가를 찾아야만 했다. 그러던 중 유튜브가 요즘 핫하고 돈도 벌 수 있다고 하길래 유튜브로 미술수업이나 색종이 접기 콘텐츠를 만들어서 올려 볼까? 하며 막연히 유튜브를 보다가 김미경 학장님의 용클(용수철 클럽)을 우연히 보게 되었다. 그때부터 매일 김미경 학장님의 유튜브를 보며 두려움을 조금씩 이겨낼 수 있었다. 아침마다 이 어려움을 이겨낼 수 있다고 다독여 주시는 학장님은 마치 큰 언니 같았다. 두려워 떨고 있는 우리들에게 괜찮다고 이겨낼 수 있다고….

그러던 중 김미경 학장님이 만든 유튜브 대학 MKYU에 CIO 과정이 생긴 것을 친구를 통해 알게 되었다. CIO는 Chief Instagram Officer의 약자로 인스타그램으로 돈을 벌 수 있는 수업이라고 했고, 나는 뭐라도 해야 했기에 듣자마자 바로 강의를 신청했다. 그렇게 나는 인스타그램을 만났다.

2020년 4월 19일 MKYU의 CIO과정을 시작한 그날 그 시작이, 그 작은 도전이 지금의 부캐 해피유진을 만들었다. 인스타그램으로 여러 차례 공동구매(줄여서 공구)도 진행해 보고, 인스타 라이브를 통해 실시간으로 판매도 하고 스마트스토어를 개설해서 운영하며 네이버쇼핑 라이브도 시작하게 되었다.

위기는 곧 기회라고 했던가. 2020년 4월 나에게 찾아온 막연한 두려움이 새로운 공부, 새로운 인생을 시작하게 해주었다. 지금 생각해 보면 코로나가 나에게 준 선물이었다. 그동안 멈춰 서서 나를 돌아볼 시간도 없었고, 새로운 도전은 할 생각도 없었는데 말이다.

며칠 전 해피유진 첫 단추 수강생이었던 부산 자갈치시장에서 건어물을 판매하는 자갈치 건어야님으로부터 연락이 왔다.

"이번 달도 네이버 스마트스토어 빅파워 등급(500건&4000만 원 이상 판매), 그립은 실버등급(3000만 원&팔로워 2000명 이상)이 되었어요."

유쾌한 웃음과 함께 귀여운 부산 사투리로 말해주었다. 얼마나 기뻤는지 모른다. 요즘 다들 힘들다고 하는데, 네쇼라 주 4회, 그립 주 4회 매주 총 8회의 라이브방송을 꾸준히 하며 고객과 소통한 그녀, 어떻게 보면 이 결과는 당연한 것인지도 모른다.

3년 전 나는 인스타를 시작하여 그 안에서 많은 분들을 만났고, 소통했다. 고민 끝에 첫 공구로 냉장고 바지를 팔았는데, 기대 이상으로 잘 판매가 되었다. 그 후 속옷, 문구류, 화장품, 마스크, 의류, 미니프린트기 그리고 여러 가지 먹거리도 판매해 보았다. 그러던 중 캐나다에 거주하며 MKYU멤버이신 '오 캐나다 MKYU' 줌 특강요청으로 첫 강의를 시작하게 되었고, 현재는 거상스쿨에서 라이브커머스 강의를 하고 있다.

처음엔 내가 어떻게 라이브커머스 강의를 할 수 있을까? 라고 생각했지만, 고민 끝에 라이브방송 시작이 너무 두렵고 어떻게 해야 할지 모르고 누구에게 물어봐야 할지도 몰랐던 경험이 있어서 라이브방송을 하고 싶어 하시는 분들에게 이론에만 그치지 않고, 핸드폰을 켜고 시작할 수 있도록 도와주는 실전 강의를 해 드리고 싶은 마음으로 강의를 준비했다. '해피유진과 함께하는 라이브커머스 첫 단추 끼우기', 줄여서 '해피유진 첫 단추' 수업이 이렇게 시작되었다. 첫 모집인 2021년 1월 12일 해피유진 첫 단추 1기 120명! 모집 하루도 안 되어 Sold out! 그 이후 해피유진 첫 단추 2기~7기, 두 번째 단추 1기~4기, 원데이클래스 1기~11기, 동대문 상인들을 위한 줌 특강, 괴산농산물가공센터, 충주농업기술센터, 대전중앙로 지하상가, 논산WPL, 제천농업기술센터 강의, 제주도 퐁낭아래 라이브커머스교육 강의, 여러 줌 특강, 개인과외 등 1000여 명의 소상공인 분들에게 라이브커머스교육을 하게 되었다.

이런 경험을 바탕으로 처음 라이브를 접하는 분들이 어떤 것들을 궁금해하는지, 어떤 부분을 어려워하는지 알게 되었고, 그 부분을 혼자서도 이 책만 보고 따라하면 할 수 있도록 사진과 함께 아주 자세한 설명을 해 놓았다.

2023년 6월 1일, 드디어 코로나 격리 의무가 해제되었다. 하지만 요즘 금리 인상과 고물가로 인해 힘들어하시는 분들이 많은 것 같다. 산책 겸 동네를 돌다 보면 하나둘 문을 닫은 상점들과 불이 꺼져 있는 상점들을 보게 된다. 임대문의, 점포정리 등이 붙어 있는 가게를 볼 때 이분들에게 핸드폰 하나로 제품을 팔 수 있는 시대가 왔음을 알려 드리고 싶었다. 제품은 각 가게에 쌓여 있는데, 하루 종일 손님의 발길이 끊겨 어떻게 해야 할지 막막해하고 있는 분들을 보며 도와 드리고 싶었다. 몹시 떨리는 마음으로 인스타 라이브방송을 처음 켰던 그날을 생각해 보며, 이 책이 하루 종일 매장을 지키며 월세를 걱정하시는 분들, 아이를 키우면서 할 수 있는 일자리를 찾고 있는 분들, 정성 들여 농사를 짓고 수확한 농수산물들의 판매처가 없어 걱정하고 있는 분들에게, 핸드폰 하나로 전국 어디에서나 언제든지 장소와 시간에 구애받지 않고 자신의 브랜드를 알리거나 판매까지 가능한 라이브방송을 해 보길 바란다. 또한, 내 물건이 없어도 누구나 모바일 쇼호스트로도 활약할 수 있는 시대가 왔다. 출근하지 않고 집에서도 말이다.

47세 나이에 SNS 0부터 시작했던 나였기에 누구나 쉽게 시작할 수 있도록 정말 자세히 적었다. 그리고 시행착오를 겪었던 부분들과 자주하는 실수 등 나만의 성장 스토리가 아니라 수강생 분들의 성공 스토리와 노하우도 담았다.

10조 시장을 바라보며 홈쇼핑도 대기업도 집중하는 라이브커머스 시장! 핸드폰 하나만 있으면 시작할 수 있으니 여러분도 꼭 한 번 도전해 보길 바란다.

조금만 용기 내어 보자.

이 책이 여러분에게 라이브커머스의 나침반이자 참고서가 되어 줄 것이다. 최근 변경된 네이버쇼핑 라이브에 관해 마지막까지 업데이트하였다. 이 책을 펼쳐서 보고 있는 당신은 이미 도전하고 싶은 마음의 소리를 따라 움직였다. 시작도 하기 전에 실패를 두려워하지 말자! 시작하지 않으면 아무것도 일어나지 않는다. 마음의 소리를 믿고 시작해 보길 바란다. 이 책이 여러분의 시작을 친절하게 도와줄 것이다.

자, 이제 여러분이 시작할 차례다!

contents

PART ◀ 1 | 왜 라이브커머스는 선택이 아닌 필수인가?

PART 2 | 라이브커머스 첫 단추 끼우기

PART 5 | 매출이 늘어나는 아이템별 실전사례

PART 6 | 매출 늘리는 마케팅 전략

PART 1

왜 라이브커머스는
선택이 아닌
필수인가?

1시간 매출이
얼마라고?

2023년 1월 18일 휴젤은 '올영라이브'에서 5분 만에 완판을 기록하며 1억 원대 매출을 달성했다. 2021년 9월 13일, 온라인 패션 플랫폼 1위 무신사가 라이브커머스(실시간 모바일 방송으로 제품을 판매하는 것)로 자체 브랜드(PB) 무신사 스탠다드 옷을 판매한 지 20분 만에 1억 원어치를 판매, 1시간 동안 매출은 3억4000만 원으로 늘었고 방송 시작 후 자정까지 총 6억6000만 원의 매출을 올렸다. 이제는 모바일로 실시간 방송을 하고 판매자와 소통하며 구매하는 방식으로 변화하고 있다.

특히 주 고객층이 MZ세대(20대~30대)라는 점을 주목할 필요가 있다. 대기업, 중소기업만 그런 게 아니냐고? 아니다. 나 또한 유아입욕제 미스플러스 제품을 네이버쇼핑 라이브 1시간 방송 동안 8,835,200원 판매, 행사가격으로 자정까지 26,649,900원 매출을 달성하였다(2023년 2월 2일).

〈그림 1〉 휴젤, 올영라이브에
서 1억 매출, 5분 만에 완판

〈그림 2〉 무신사 라이브방송 중 1시간 동안 3억4천만 원 판매

〈그림 3〉 미스플러스 방송 중

〈그림 4〉 라이브방송 후 결제금액

그 외에도 네이버쇼핑 라이브방송으로 서산 생강청 미미주는 네쇼라 방송 중 6,783,300원을 판매했고, 영국홍차 브루티코는 5,227,690원, 천지푸드는 4,686,300원을 판매하였다. 단지 네이버쇼핑 라이브방송만으로 말이다.

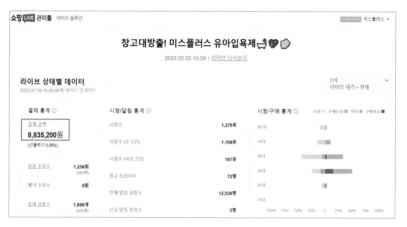

〈그림 5〉 미스플러스 네이버쇼핑 라이브방송 중 판매금액

코로나로 인해 쇼핑이 자유롭지 못했던 2020년부터 우리의 소비패턴은 비대면으로 바뀌었다. 익숙하던 홈쇼핑과 온라인쇼핑과는 달리 라이브커머스는 실시간 라이브방송을 어디에서든 핸드폰 하나로 편하게 볼 수 있게 되었고, 무엇보다 소비자가 방송에 직접 참여하므로 색다른 쇼핑의 즐거움을 맛보게 되었다. 또한 방송을 보며 결제를 바로 할 수 있는 편의성을 제공하여 구매전환율도 높다. 그리고 핸드폰 하나만 가지고 있으면 누구라도 라이브방송으로 판매도 할 수 있다. 자, 그럼 라이브커머스에 관해 좀 더 자세히 알아보자.

02

이커머스의 부스터
라이브커머스

---

1 | 핸드폰 하나로 판매가 가능하다고?

대답부터 한다면 그렇다. 장소와 시간에 구애받지 않고 가능하다. 나 역
시도 핸드폰 하나로 전국 곳곳에서 라이브방송으로 다양한 제품을 판매
했다.

　그렇다면 라이브 커머스(Live Commerce)란 무엇인가?

　네이버 지식백과의 한경경제용어사전에 의하면 '라이브 커머스'란 '채
팅으로 소비자와 소통하면서 상품을 소개하는 스트리밍 방송'으로 정의
되어 있다. 기존의 홈쇼핑과 차이점은 채팅창 등을 통해 실시간으로 판
매자와 시청자 혹은 시청자와 다른 시청자 간에 상호 소통할 수 있는 시
스템을 제공해 줌으로써 단순한 쇼핑 이상의 정보와 재미를 줄 수 있다
는 점이다. 또한 제공 플랫폼별로 기준은 다르지만, 시간과 장소의 제약

〈그림 6〉 2020년 11월 서산에서
야외 첫 인스타 라이브로 생강청과
생만호 판매

〈그림 7〉 실내에서 라이브로 액세서리 판매

없이 누구나 스마트폰만 있으면 가능하다. 스텝 없이 혼자서도 라이브
커머스를 할 수 있다는 점도 큰 차이점이라 할 수 있다.

〈그림 8〉 라이브커머스 정의

  우리나라에서는 2018년 그립컴퍼니에서 '그립'이라는 플랫폼을 통해
본격적으로 라이브커머스가 소개되었다. 이후 현재는 네이버, 카카오,
쿠팡은 물론 유튜브까지 라이브커머스 시장에 뛰어들었으며 이 외에도
각 백화점과 통신사까지도 이 시장에 뛰어들고 있어 시장의 규모는 기하

급수적으로 확대되고 있는 상황이다.

2 | 라이브커머스의 시작과 성장

라이브커머스가 어디에서 처음 시작되었는지는 확실하지 않으나, 라이브커머스의 인기는 중국에서 먼저 시작되었다. 세계적으로도 가장 유명한 전자상거래 플랫폼 중 하나인 타오바오를 비롯하여 수많은 중국의 전자상거래 플랫폼들이 대략적으로 2016년부터 라이브커머스를 도입하였다.

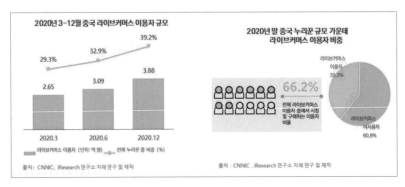

〈그림 9〉 2020년 3월 ~12월 중국 라이브커머스 이용자, 한국콘텐츠진흥원 2021. 18호

한국콘텐츠진흥원 북경비즈니스센터에서 2021년 12월에 배포한 보고서에 따르면 중국의 라이브커머스 이용자 규모는 2020년 말 6억1700만 명으로 전체 누리꾼의 62.4%를 차지하고 있으며 이 중 급성장한 라이브커머스의 이용자수는 2020년 3월 대비 1억2300만 명이 증가해 3억8800만 명으로 전체 누리꾼의 40%에 달한다고 한다. 실제 구매하는 시

청자 비중은 66.2%로, 약 3분의 2의 시청자가 라방 시청 후 구매 경험
이 있다고 한다.

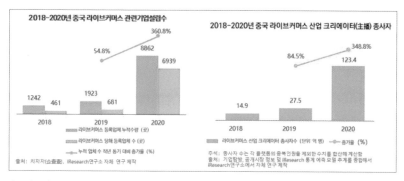

〈그림 10〉 2018~2020년 중국 라이브커머스 관련 기업 설립수, 크리에이터 종사자 증가율

또한 이 보고서에 따르면 2020년 라이브커머스 서비스업체와 종사자
는 급성장하였다. 오히려 코로나19 사태로 인해 비대면 쇼핑이면서 시
청자와의 소통 기능이 보완된 라이브커머스의 시장이 급속도로 성장하
게 되었다.

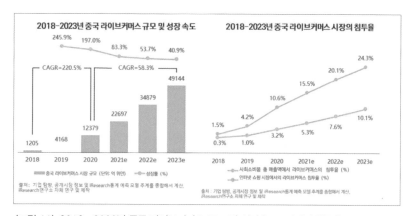

〈그림 11〉 2018~2023년 중국 라이브커머스 규모 및 성장속도, 시장의 침투율

중국에서 2020년까지 라이브커머스 관련 새로 등록된 업체는 6939 곳, 누적 등록업체는 8862곳으로 2019년 대비 360.8% 급증하였다. 이 중 인플루언서 라방 위주의 업체는 6528곳, 기업 자체방송 위주의 업체는 573곳으로 나타났다. 라이브커머스 업계에 종사하는 크리에이터도 꾸준히 늘어 2020년 말 업계에 종사하는 크리에이터 수는 이미 123만 4000명에 달한다.

2020년 중국 라이브커머스 시장 규모는 1조2000억 위안에 달한다. 향후 3년간 성장률이 연평균 58.3% 수준에 이를 것으로 예상된다. 2023년 라이브커머스 규모는 4조9000억 위안(한화 약 892조)에 이를 전망이며, 소매판매와 인터넷쇼핑 시장에서도 비교적 빠르게 침투하고 있다. 라이브커머스의 2020년 소매 판매 총액의 침투율은 3.2%, 인터넷 쇼핑 소매 시장의 침투율은 10.6%이며 2023년에는 24.3%에 달할 전망이라고 밝히고 있다.

3 | 국내 라이브커머스 10조 시장이 열린다고?

우리나라의 라이브커머스 시장의 현황과 전망은?

2020년 기준 국내 라이브커머스 시장 규모는 약 3조 원이다. 여기에서 놀라긴 이르다. 2023년까지 시장 규모는 10조 원까지 급격히 늘 것으로 예상하고 있으며, 2030년까지 약 30조 원의 시장이 형성될 것이라는 전망도 나오고 있다. 기존의 TV홈쇼핑이 25년간 총 매출액이 7조 원인데 반해 라이브커머스는 3년 만에 총 매출액이 3조 원을 넘어섰으며 전망을 보더라도 라이브커머스의 잠재력은 엄청나다는 것을 알 수 있다.

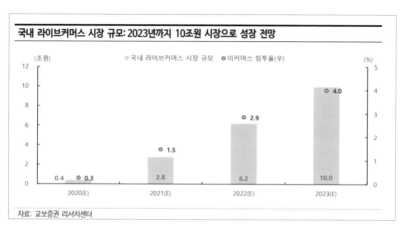

국내 라이브커머스 시장 규모: 2023년까지 10조원 시장으로 성장 전망

(조원) ■ 국내 라이브커머스 시장 규모 ● 이커머스 침투율(우) (%)

2020(E)	2021(E)	2022(E)	2023(E)
0.4 ● 0.3	2.8 ● 1.5	6.2 ● 2.9	10.0 ● 4.0

자료: 교보증권 리서치센터

〈그림 12〉 국내 라이브커머스 시장 규모

 2022년 국내 이커머스 시장규모가 209조 원(통계청, JP모건)에 달하고 있으며, 교보증권 리서치센터 보고서에 따르면 2022년 라이브커머스의 시장규모가 6조2천억 원으로 전체 이커머스 시장 대비 2.9퍼센트에 불과하고 이는 라이브커머스 시장의 확장 가능성이 여전히 크게 열려 있다고 볼 수 있다. 게다가 국내외 여러 이커머스 플랫폼이 국내 라이브커머스 시장에 진출하고 유통업계 전체가 라이브커머스 시장에의 진출을 가속화하고 있는 만큼 그 확장 속도도 가파르게 빨라질 것으로 예상된다.

1) 2020년 4월 19일은 나의 또 다른 생일

17년간 미술지도를 했던 나, 코로나 이전과 이후 나는 많은 게 바뀌었다. 2020년 4월 19일은 나의 또 다른 생일이다. 내 나이 47세에 처음으로 인스타그램을 만났다. 핸드폰으로 카톡 정도 사용하던 평범한 주부였던 나는, 당시 인스타그램은 젊은 아이들과 연예인들만 하는 줄 알았다. 그래서 시작할 때 너무도 낯설고 어색했고, 내가 이걸 하는 게 맞나 긴가민가했다. 인스타그램 계정을 만들 때 영어 이름이 필요했다. 뭐라고 지을지 이름을 아주 많이 고민했다. 부르는 사람도 듣는 나도 듣기 좋았으면 하는 이름을 만들고 싶었다. 뭐가 좋을지 생각하다가 @happy.yujin2020으로 만들었다. (현재는 happy.yujin_) 하나의 기능을 배우는데 처음엔 아주 많은 시간이 필요했다. 온라인 강의를 여러 번 돌려 보며 하나하나 기능을 익혔다.

〈그림 13〉 코로나 전 미술수업 장면

〈그림 14〉 코로나 전 수업장면

〈그림 15〉 제주도 특산품 네쇼라　　〈그림 16〉 별내 거상센터 라이브 중

　　인스타 안에서 한 명, 두 명 소통하는 분들이 생기면서 신기하기도 하고 재미도 있었다. 처음에는 미술 관련된 피드를 올리다 보니 그 분야에 관심이 있는 분들과 심지어 외국 작가 두 분과도 인친이 되었다. 그리고 같이 인스타 공부를 하는 MKYU 수강생들과도 친구가 되었다. 인스타 안에서는 나이, 사는 지역과 관계없이 전국, 전 세계 친구들을 만날 수 있었다. 스페인에 사는 벨렌언니가 생겼고, 64세 청담캔디언니, 광진구에 사는 61세 자연스튜디오 사장님도, 27세 굿잇츠 사장님도 친구가 되었다. 제주도, 포항, 광주, 구미, 대전에도 친구가 생겼다. 인스타그램이라는 온라인 공간에서 말이다.

　　인스타에서 친해진 친구들은 작은 일에도 칭찬해 주고 그동안 못 받아 보았던 큰 관심도 받을 수 있었다. 물론 늘 즐거운 일들만 있었던 건 아니었지만, 좋은 분들이 훨씬 많다는 걸 알기에 긍정적인 에너지를 주고받는 공간이 되었다. 이 나이에 전국에, 전 세계에 연결된 인스타 친구가 있다는 건 지금도 생각하면 참 기쁘고 감사할 일이다.

2) 핸드폰 하나 들고 방송을 시작하다

지금도 생생하다. 핸드폰 하나만 들고 서산에 내려갔던 그날! 인스타에서 알게 되어 내돈내산으로 제품을 먹어보고 너무 맛있어서 인스타로 메시지를 보냈고, 소통하며 지내다가 판매를 하고 싶다고 말씀드렸더니, 흔쾌히 승낙해 주셔서 서산으로 내려갔다. 날씨가 너무 좋았던 11월 배추밭을 배경으로 생강청과 생강만난 호두 정과(생만호)를 인스타 라이브방송으로 판매하던 날! 수능선물로 "합격의 종소리"라는 이름으로 판매를 했는데, 방송 후 주문을 보고 모두가 놀랐다. 방송하고 다음 날까지 주문을 받았는데, 이틀 동안 주문이 계속 들어와 300만 원 넘게 판매를 했다.

〈그림 17〉 서산에서 첫 라이브커머스

〈그림 18〉 라이브 준비하는 리허설 장면

〈그림 19〉 합격의 종소리 제품

〈그림 20〉 광교 랜선 전시회　　　〈그림 21〉 영이방앗간 랜선 오픈식

　　인스타 디엠만으로 주문을 받아 정리를 해서 보냈던 그때! 무식하게 노트에 일일이 적으며 정리를 하고 주문을 체크한 후 보내 드렸다. 인스타그램 메시지로 받다 보니 놓친 주문도 있었지만, 정말 신나고 행복했던 시간이었다. 개인적으로 너무 좋아했던 제품을 소개할 수 있었고, 그날 함께 했던 대표님과 인스타로 친해진 유주팡팡님은 마음이 너무 잘 맞는 분들이었기에 몸은 피곤했지만, 그날 하루는 내 인생에 잊지 못할 날이 되었다. 핸드폰 하나만 가지고 현장에 가서 판매할 수 있다는 것을 알게 되었고, 눈앞에서 만드는 과정까지 보니 더 자신 있게 라이브방송을 할 수 있었다.

　　코로나로 모임 인원 제한이 있을 때가 있었다. 인스타로 알게 된 작가님들이 전시회를 연다고 하여 많은 분들이 참석하고 싶어도 인원제한으로 여러 명이 모이기 힘들 때라 인스타 라이브로 공예품 전시회 진행을 부탁하셨다. 말 그대로 랜선으로 전시회를 관람하실 수 있게 진행을 했고, 전국에 계신 분들이 라이브를 보고 구입도 해주었다. 그리고 인스타로 친하게 지냈던 대표님이 매장을 오픈하셔서 축하해 드리고 싶은 마음에 창원까지 내려간 적도 있다. 입구부터 들어가면서 매장 곳곳을 보여 드리고 제품도 설명해 드리면서 랜선으로 오픈식을 진행했다. 이렇듯 핸드폰 하나만 있으면 라이브방송이 언제 어디서나 가능한 시대가 온 것을 실감할 수 있었다.

3) 인스타만으로도 판매가 가능하다고?

2020년 7월 20일, 인스타에서 냉장고 바지를 첫 공동구매로 판매해 보았다. 동네 친구들도 구입을 해주고, 온라인으로도 판매가 되었다. 이 일을 시작으로 문구류, 속옷, 잠옷, 보리굴비, 돈까스, 사과즙, 한라봉, 귤, 미니프린터기, 도라지즙, 고블렛잔, 식기류, 화장품, 임페리얼펠리스 호텔 숙박패키지 등 정말 다양한 제품들을 인스타 안에서 판매했다.

맨 처음 판매했던 냉장고 바지는 딸아이 친구 엄마가 사장님을 소개해 줘서 물건을 받을 수 있었다. 내가 인스타 공구를 하고 싶은데 제품을 어디서 구해야 할지 모르겠다고 이야기를 나누다가 소개를 받게 된 것이다. 주변 사람들에게 이야기해 보자. 생각지도 못한 곳에서 좋은 물건이 연결될 수도 있으니 주변에 알려 보고, 물어보기를 추천한다. 또한 현재 판매할 제품이 없다고 걱정할 필요는 없다. 제품 소싱에 관련해서는 Part 6에서 설명하겠다.

2020년 12월까지는 미술수업과 병행을 하고 있었다. 그래서 주로 늦은 밤부터 새벽까지 인스타로 소통했고, 밤에 라이브방송을 하고 주문

〈그림 22〉 인스타 라이브로 판매한 제품들

확인 후, 제품포장을 하면서 잠을 못 자는 날도 많아졌다. 그러다 보니 눈에 핏줄이 두 번이나 터졌었다. 인스타그램을 통해 판매를 해 보며 느꼈던 점은 평소에 찐소통이 아주 중요하고, 제품을 구매해 본 분들이 만족을 할 만한 가격과 제품의 퀄리티를 꼼꼼하게 따져 준비해야 한다. 한두 번 제품을 구매해 본 분들 중 제품에 만족했던 분들은 "해피유진님 믿고 구매해요."라고 하며, 재방문해서 계속적으로 구매해 주었다.

특히 인스타 안에서 판매는 신뢰가 아주 중요하기에 좋은 제품을 찾고 진솔하게 설명해 주면 한 명 두 명, 단골 고객이 생기게 된다. 나뿐만 아니라 많은 수강생 분들이 인스타 라이브방송으로도 충분히 판매가 가능한 것을 보여주었다. 그리고 인스타가 기반이 되어 네이버쇼핑 라이브도 함께 할 수 있는 분들이 많이 생겼다.

처음 네쇼라를 할 때 인스타 라이브로 이미 찐고객이 있는 경우, 라이브 시 그분들이 채팅으로 댓글을 달아 주며 응원해 주고 구입도 해주기 때문에 큰 도움이 된다. 단, 인스타 안에서 판매는 팔로워가 어느 정도 모여졌을 때 시작하길 추천한다. 인스타그램을 온라인 가게라고 생각해 보자. 처음에는 매일매일 내 가게와 상품을 알리며 방문한 분들과 소통하고 새로운 고객, 잠재 고객이 될 사람들, 즉 팔로워를 차츰 늘려가야 한다. 대략 3000명 정도 되었을 때 판매를 시작해 보자. 찐소통으로 이뤄진 1000명도 괜찮을 수 있으나, 대략 3000명 정도부터가 적절한 때라 여겨진다.

4) 해피유진님 강의 좀 해주세요

캐나다에 계신 네스피님으로부터 디엠이 왔다. '오 캐나다MKYU' 리더로서 스터디를 하고 있는데, 줌으로 해피유진의 성장스토리와 단기간에 인스타 팔로워를 늘린 노하우, 공구 노하우, 간단한 영상과 사진 편집법 등을 알려 달라고 하셨다. 무료초청 강의라고 했지만, 내가 할 수 있을까 하는 마음으로 바로 답변해 드리지 못했다. 며칠 고민 후 나의 성장스토리가 조금이라도 도움이 된다면 해 보겠다고 했다.

그 당시 나는 4월에 인스타를 0에서부터 시작해 5000팔로워를 만들었고, 공구를 여러 차례 했는데 판매를 제법 잘 하고 있었기에 강의 초청을 받게 되었다. 강의는 80분이 신청을 해주셔서 바로 마감이 되었다.

〈그림 23〉 첫 줌 강의 장면　〈그림 24〉 줌 강의 후기　〈그림 25〉 초청 강의 80명 마감

그 전날까지 머리도 복잡하고 떨렸지만 준비한 부분들을 알려드리고, 질의응답을 해 드렸더니 강의 후 많은 분들이 디엠과 톡으로 감사하다고, 도움이 많이 되었다고 해주었다. 나의 작은 경험이 도움이 되었다고 해주니 정말 뿌듯하고 기분이 참 좋았다. 많은 후기는 거의 새벽 3, 4시까지 잠 못 들며 열심히 인스타를 했던 나에게 수고 많았다고, 잘해 왔다고 말해 주는 것 같았다. 2020년 11월 12일 나는 이렇게 첫 강의를 했다.

동두천동으로 이동 중 거상스쿨에 계신 교육팀장님으로부터 전화가 왔다. 노장금님의 '요알못은 볼지어다'라는 네이버 now 방송 출연 이벤트에 당첨이 되어 전철을 타고 이동 중이었다.

〈그림 26〉 노장금의 요알못은 볼지어다 촬영

"그동안 라이브한 경험을 바탕으로 특강해 줄 수 있느냐?"고 하셨다. 갑자기 받은 전화라 당황스러웠지만 고민해 보고 말씀드린다고 하고는 전화를 끊었다. 때마침 MKYU에서 라이브커머스 관련 홍보가 뜨고 있었다. 내가 할 수 있을까? 며칠을 고민 고민을 하다가 이론으로 그치는 수업 말고, 실제로 방송을 시작할 수 있는 수업을 만들어 보자는 생각이 들었다. 조를 편성해서 하고는 싶은데, 혼자 시작하기 힘들어하는 분들을 도와주는 수업을 해 보고 싶었다. 너무 떨리고 두려웠지만, 해피유진과 함께하는 라이브커머스 첫 단추 끼우기 1기(줄여 해피유진첫단추)를 2021년 1월 12일에 시작하게 되었다. 어떻게 홍보를 해서 모집을 할까 고민을 하다가 2020년 12월 22일에 인스타 라이브로 수업을 홍보하며, 판매하였다. 라이브커머스 강의를 라이브로 판매한 셈이다. 정말 놀랍게도 라이브방송 후 그다음 날 하루도 안 돼서 120명 인원이 마감이 되었다. 정말 놀랐고, 한편으로는 너무 감사했다.

⟨그림 27⟩ 줌 수업 장면   ⟨그림 28⟩ 라이브커머스 현장 실습 장면

현재는 해피유진 첫 단추는 7기까지, 심화반인 두 번째 단추는 4기까지, 원데이클래스는 11기까지 진행을 했다. 수강생 분들 중에는 네쇼라, 배민, 쿠팡, 11번가, Grip 등에서 라이브방송을 하고 심지어 강의까지 하는 분들도 많이 생겨났다. 나는 강의에서 그동안 했던 시행착오를 말씀드리고, 그 속에서 알게 되고 배운 일들을 통해 수강생 분들이 판매하고자 하는 제품을 잘 판매할 수 있도록 도왔다. 현지에서 핸드폰 하나만 들고 판매하는 내용도 심화반 수업에서 경험할 수 있도록 했다. '라이브커머스 시작은 해피유진과 함께'라는 슬로건처럼 혼자 시작은 두렵지만, 함께하므로 두려움이 사라질 수 있게 도와드리며, 라이브커머스 첫 단추를 함께 끼웠다. 그분들이 지금은 너무 멋지게 성장해서 다양한 플랫폼에서 활약하고 있다. 그 모습을 볼 때면 참 행복하다.

해피유진의 수업을 들었던 분들의 소개로 외부에서 수업도 할 수 있게 되었다. 그중 1, 2차 거의 5개월 동안 라이브커머스교육이 진행되었던 대전 중앙로 지하상가 이야기를 하고 싶다. 인스타그램, 네이버 스마트스토어 기초교육부터 라이브커머스까지 진행이 되었다. 대전 중앙로 지하상가에서 장사하면서 해피유진 첫 단추 1기로 인연이 된 대전 상상언니님 추천으로 이 교육을 할 수 있었다. 다시 한 번 상상언니께 감사드린다.

이 수업은 나 혼자 진행한 수업은 아니었다. 코로나가 심한 때여서, 줌과 현장 수업을 병행하며 진행하였고, 거상스쿨 임헌수소장님, 박미희강사님 그리고 수강생 분들 중 라이브커머스를 너무도 잘 하고 계신 김도윤, 황슬아님이 보조강사로 함께했다. 대전 중앙로 지하상가에서 매장을 운영하고 있는 분들이라 시간을 빼서 공부하기 힘들었을 텐데, 정말 열심히 하는 모습에 집에서 대전까지 왕복 4시간 정도 걸리는 거리

였지만 너무 행복하게 다녀올 수 있었다. 라이브를 위해 2달 동안 10kg을 빼신 옷가게 대표님은 첫 네쇼라 방송 중에 주문이 들어와 방송이 끝나고 우셨는데, 그 모습에 함께했던 모든 분들도 울컥했다. 지금도 너무 열심히 핸드메이드 액세서리 라이브방송을 하는 핸드피아대표님, 가방과 옷을 판매하고 있는 베키님은 네쇼라에서 뵈면 참 반갑다.

〈그림 29〉 대전 중앙로 지하상가 수업

그 후 라이브커머스 관련해서 강의 요청이 오기 시작했다. 그중에 충주시 농업기술센터는 좋은 사례로 꼭 나누고 싶다. 강의를 하러 내려가기 전 수강생 분들이 나이가 조금 있는 분들이 있다고 해서 걱정이 되었다. 그런데 수업을 진행하는 순간 깜짝 놀랐다. 수업 내용을 너무 잘 이해하며 잘 따라 오는 게 아닌가? 알고 봤더니 충주시 농업기술센터에서는 지속적으로 온라인 관련 교육이 있었고, 그런 교육을 통해 온라인상에서 익혀야 할 기본 기능들을 잘 알고 있었다. 주최한 주무관님도 아주 적극적으로 도와주어 3주 수업을 하는 동안 전혀 불편함 없이 진행할 수 있었다. 강사로 추천해 준 충주지역에 살고 있는 농부의줍님께 또 한 번 감사하며, 다른 농촌지역도 이렇게 온라인 관련 교육을 지속적으로 받을 수 있으면 참 좋겠다는 생각이 들었다.

〈그림 30 〉 충주시 농업기술센터 라이브커머스교육

전국을 다니며, 현장에서 라이브방송했던 곳 중 제주도에서의 라이브커머스는 잊을 수 없다. 그동안 마트에서 구입해서 먹어 보기만 했던 갈치! TV에서만 보던 새벽경매 시장에서 정말 큰 갈치를 눈 앞에서 직접 보고 만져 볼 수 있었다. 갈치가 이렇게 큰 게 있다는 걸 그날 처음 알았다.

〈그림 31〉 제주도 경매시장과 제주 항구 공장에서 네이버쇼핑 라이브방송

제주도 가공 공장에서 생산되어지는 모든 과정을 보고 난 후, 그날 저녁에 공장 한 켠에서 라이브방송을 했다. 모든 과정을 직접 보고 라이브방송을 하니, 생생하게 전달해 드릴 수 있어 정말 신나게 방송을 할 수 있었다. 그리고 네이버쇼핑 라이브방송 푸드 구매순 1위까지 해서 더 기쁜 날이었다.

지난 3년을 돌아보면 늘 기쁜 일만 가득했던 건 아니다. 잘 몰라서 실수할 때도 있었고, 준비는 잘했다고 생각했는데 생방송이다 보니 예상치 못한 일들이 일어났던 적도 있었다. 부족함이 느껴져 심적으로 힘들 때도 있었지만, 원인을 찾고 고쳐 나가려고 했다. 그동안 이 모든 일들이 가능했던 건 그냥 해 보자라고 생각하며 두렵지만 시작했던 마음가짐 덕분이었던 것 같다.

〈그림 32〉 명지전문대 강의

〈그림 33〉 시드니 면세점 네쇼라 중

다시 말하면 첫째는 도전을 했고, 두 번째는 견디고 인내했다. 그리고 계속 나아갔다. 그랬더니 명지전문대(비학위과정)에 가서 라이브커머스 강의를 할 기회도 생겼고, 호주 시드니 면세점 네이버쇼핑 라이브도 할 수 있었다. 다음 달인 8월에는 제주도에 있는 사회적 기업인 풍낭아래에 2차 교육, 무안군 주민자치센터에 강의도 잡혀 있다.

2020년 4월 인스타그램을 시작으로 여기까지 왔다. 꼭 한 번 인스타그램을 공부해 보길 바란다. 새로운 나를 만나는 시간이 될 것이다. 할까 말까 고민될 때는 그냥 해 보라고 말씀드리고 싶다. 인스타그램 개설과 운영은 돈이 안 든다. 처음에 판매할 제품이 없을 때는 주변 분들 중 제품은 있지만 판매를 어려워하는 분들을 먼저 도와드리라고 말씀드리고 싶다. 그러다 보면 기회가 반드시 온다.

처음엔 돈을 받고 하기보단 마음에 드는 제품을 가지고 연습삼아 라이브로 소개해 보자. 반드시 좋은 기회가 온다. SNS는 나만 하는 것이 아니다. 나를 알든 모르든 누군가는 나를 보고 있다는 걸 잊지 말자. 메시지로 공구 제안부터 판매 제안이 온 경험이 나뿐만 아니라 많은 수강생들에게 있었으니, 일단 시작해 보자. 바로 지금!

03

다양한 라이브커머스 플랫폼을 알아보자

1 | 네이버쇼핑 라이브

2020년 7월 30일 공식 출시한 네이버쇼핑 라이브는 2021년 11월 말 누적 시청 7억 뷰, 누적 5,000억 원을 달성하며, 국내 1위 라이브커머스 서비스로 자리 잡고 있다.

네이버쇼핑 라이브의 장점은 무엇보다 가장 대중적인 플랫폼에서 라이브를 하기 때문에 시청자수를 많이 확보할 수 있으며 한 번 방송한 VOD가 지속적인 재방송 역할로 노출되어, 광고 효과 및 방송 후에도 구입으로 이어지는 것이다. 수수료 또한 다른 플랫폼보다 낮다. 다양한 종류의 카테고리 방송이 가능하고, 24시간 언제든 방송이 가능하다.

네이버쇼핑 라이브 홈 화면에 숏클립 탭이 생성되었고, 숏클립을 통해 스토어에 있는 제품판매까지 이뤄질 수 있도록 하였다

〈그림 34〉 PC로 본 쇼핑 라이브 홈화면

〈그림 35〉 네이버쇼핑 라이브 홈 화면에 숏클립

네이버쇼핑 라이브의 빠른 성장 배경은 충분한 이용자 트래픽과 판매자, 라이브 영상 제작 및 송출 인프라 기술, 결제 서비스 등 편리한 사용성을 기반으로 '개방형 라이브커머스' 정책을 통해 판매자들이 자율적으로 쇼핑 라이브 및 프로모션을 진행할 수 있게 기술, 도구, 플랫폼 서비스로 지원했기 때문으로 평가된다.

출처: 교보증권 리서치센터

2 | 카카오쇼핑 라이브

'카쇼라'로 불리기도 하는 카카오쇼핑 라이브는 2020년 5월 카카오쇼핑 라이브 OBT를 시작으로 2020년 10월에 정식 오픈했다. '카카오쇼핑 라이브는 실시간 모바일 라이브방송을 통해 고객과 함께 만들어 가는 커뮤니티 커머스'를 표방하며 카카오 커머스만의 장점을 살려 라이브쇼핑에서도 주도권을 잡으려고 노력하는 모습이다.

카카오쇼핑 라이브 자료에 따르면 카카오쇼핑 라이브 채널 친구수는 2022년 2월 현재 210만 명이 있다고 밝히고 있다. 카카오쇼핑 라이브는 압도적인 트래픽을 보유한 연계 서비스 영역에 노출을 제공함으로써 그 영향력을 극대화시키고 있다.

카카오쇼핑 라이브는 파트너 제안을 통해 선정 및 편성되며 카카오 콘텐츠 기획제작 또는 파트너 콘텐츠 기획제작을 거쳐 마케팅 및 채널 노출이 된다.

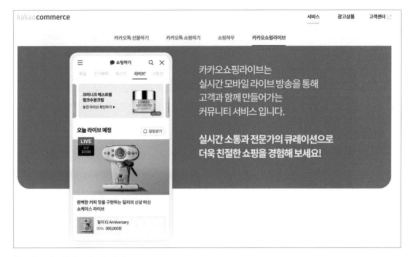

〈그림 36〉 카카오쇼핑 라이브

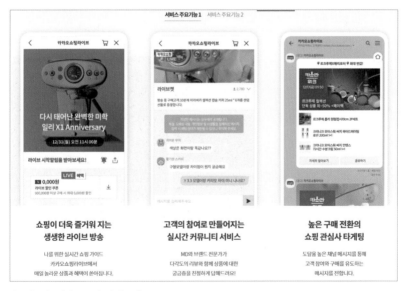

〈그림 37〉 카카오쇼핑 라이브 홍보

〈그림 38〉 카카오쇼핑 라이브 최고 거래액, 최대 판매 수량, 최대 시청 횟수

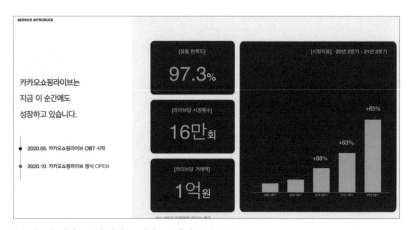

〈그림 39〉 카카오쇼핑 라이브_서비스소개서_20220224

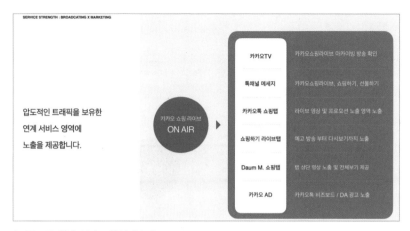

〈그림 40〉 연계 서비스 영역에 노출

〈그림 41〉 연계 서비스 영역에 노출

• 제작 방식

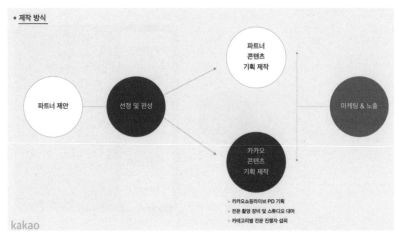

〈그림 42 〉 라이브커머스 제작방식

〈그림 43〉 카카오 앱에서 라이브 쇼핑 위치   〈그림 44〉 세로화면으로 바뀐
카쇼라

　2023년 4월 27일부터 톡스토어의 우수판매자 대상으로 원하는 시간
에 더 쉽고, 편하게 라이브를 진행할 수 있도록 새로워진 카쇼라 파트너

스 라이브 솔루션을 제공했다.

〈그림 45〉 새로워진 카쇼라

라이브 권한 부여 방식

라이브 운영정책에 따라 월 1회(매월 27일) 파트너스 라이브 권한을 정기적으로 부여하며, 정기 권한 부여 대상자 외 라이브 진행을 원하는 경우 제휴 제안을 통해 상시로 신청할 수 있다. 단, 카카오쇼핑 라이브 운영 정책에 따라 일부 스토어는 권한 부여 대상에서 제외될 수 있다.

권한 부여 후, 각 스토어의 대표 담당자에게는 메일과 알림톡으로 개별 안내된다.

해당 안내 메일을 받은 판매자는 [판매자센터 〉 상품관리 〉 라이브관리] 메뉴에 접근할 수 있으며, 최초 1회 라이브 이용약관 동의 후 진행할 수 있다.

1. 최근 3개월간의(전전월 15일~당월 14일) 판매 활동으로 거래액 5천만 원 이상 또는 주문건수 1천 건 이상인 스토어

2. 카카오톡 스토어의 브랜드 스토어로 등록된 스토어

3. 쇼핑하기 브랜드 데이 진행 스토어

4. 기존에 카카오쇼핑 라이브를 진행했던 스토어

▶ 수수료 관련 안내

라이브 진행 시, 라이브 노출 판매기간 동안 수수료는 라이브 홈 플레이어 및 쇼핑탭 노출과 검색 노출 지원 등을 포함하여 7.7%(vat 포함) 수수료가 적용된다. 해당 기간 중 기본 수수료 외 추가 노출 수수료는 적용되지 않는다. 기본 수수료에는 PG사 결제 수수료가 포함되며 영세, 중소상공인 대상으로 일반 신용카드, 카카오 페이 결제금액에 카드 할인이 적용된다.

출처: 카쇼라 파트너스 블로그

더 자세한 내용은 카쇼라 파트너스 블로그를 참고하면 된다.
https://kakaoshoppinglive.tistory.com/

---

3 | 쿠팡 라이브

쿠팡 라이브는 2021년 1월 중순에 시작되었고, 크게 판매자를 위한 카테고리와 크리에이터를 위한 카테고리로 나뉘어 있는 게 특징이다.

크리에이터를 위한 쿠팡 라이브는 판매자가 아닌 라이브 쇼호스트의 역할을 하는 분들의 쿠팡식 표현으로 여기에 등록하게 되면 크리에이터 마켓플레이스를 통해 쿠팡에 입점한 수많은 판매자로부터 다양한 라이

브방송 제안을 받을 수 있으며, 출연료 등에 대한 옵션 설정과 판매성과에 따른 수익 창출을 할 수 있다. 또한 지속적인 트레이닝 등의 성장기회도 제공하고 있다.

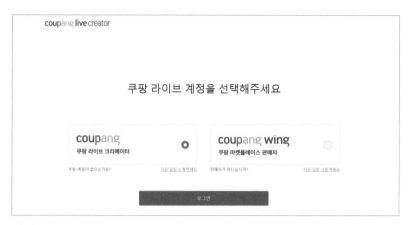

〈그림 46〉 쿠팡 라이브 계정

쿠팡 판매자 교육은 쿠팡MBA에서 이루어진다.

〈그림 47〉 가입하기

쿠팡 크리에이터 지원을 하기 위해선 타사에서 방송한 영상을 보내거나 또는 제품을 판매하는 내용을 담은 영상을 찍어 보내면 된다.

〈그림 48〉 라이브 종류

〈그림 49〉 쿠팡 마켓플레이스

〈그림 50〉 쿠팡 크리에이터 지원 페이지

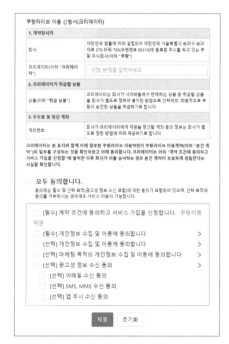

〈그림 51〉 쿠팡 크리에이터 지원 페이지

단, 쿠팡쇼핑 라이브방송은 라이브예약을 한 후 승인이 나야 방송이 가능하다. 판매자가 원하는 시간에 자유롭게 방송을 진행하기는 다소 제한적이므로 방송을 진행하기 전 넉넉하게 날짜를 잡고 미리 예약을 해야 한다.

4 | 그립(Grip)

그립컴퍼니가 운영하는 '그립(Grip)'은 2019년 2월 론칭한, 라이브커머스의 활성화를 이끈 초기 대표 플랫폼이다.

그립은 라이브커머스 진입에 대한 장벽을 많이 낮춰 사업자등록증만 있으면 입점이 가능하며 1인 라이브커머스 시장의 선구자라고 해

〈그림 52〉 그립 홈 화면

〈그림 53〉 그립 라이브 화면

도 과언이 아니다. 그런 영향으로 그립에서는 매우 다양한 아이템들과 다양한 크리에이터들을 만나볼 수 있다. 2021년에는 카카오커머스가 50%(1800억원)의 지분을 투자하면서 그립의 라이브커머스 플랫폼 경쟁력과 카카오의 확장성 및 기술력을 결합해 커머스의 경쟁력을 강화하고 이를 바탕으로 소상공인 사업자와 상생할 수 있는 환경을 조성할 예정이라고 밝혔다. 진입 장벽이 낮은 그립은 처음 라이브커머스를 시도하기에 아주 좋은 곳이다. 그리퍼(모바일 쇼호스트)로 등록되거나 또는 소싱한 제품을 등록 후 승인이 나면 바로 방송이 가능하다.

그립은 입점신청을 해서 라이브방송을 하거나 그리퍼로 내 제품이 없어도 모바일 쇼호스트로도 활동이 가능하다.

절차가 간편하고 누구나 입점을 하면 라이브커머스를 할 수 있기 때문에 처음 라이브커머스를 경험해 보기에 좋은 플랫폼이다. 비교적 방송규제도 강하지 않아 좀 더 자유롭게 방송할 수 있다.

〈그림 54〉 PC로 본 Grip화면

〈그림 55〉 Grip 입점하기

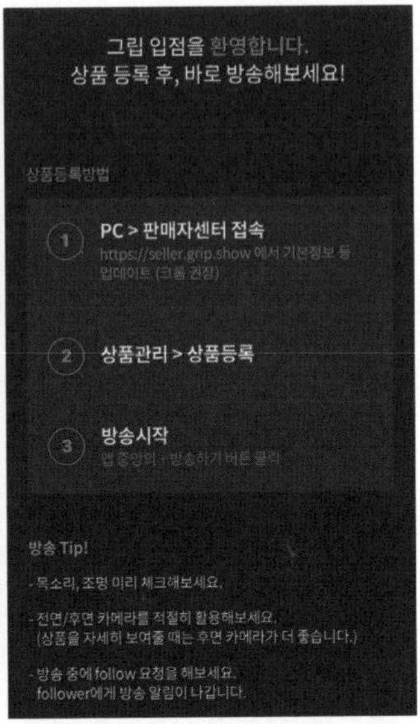

〈그림 56〉 Grip 입점하기

〈그림 57〉 입점/그리퍼 신청

〈그림 58〉 입점/그리퍼 신청

5 | 유튜브 라이브

카페24 쇼핑몰 상품을 YouTube 라이브로 판매가 가능하게 되었다. 2022년 1월 26일 업계에 따르면 구글 유튜브는 이용자가 영상을 통해 제품을 판매하도록 지원하는 서비스 '유튜브 쇼핑'을 1여 년간 시범 운영한데 이어 유튜브 내 쇼핑 콘텐츠만 모아서 보여주는 페이지를 신설했다.

유튜브 쇼핑은 특정 자격 요건을 충족하는 유튜브 창작자(크리에이터)나 브랜드 채널이 △동영상 △짧은 영상(쇼츠) △실시간 방송 등 세 가지 방식으로 제품을 판매할 수 있도록 해준다. 이 중 실시간 방송을 통한 판매가 바로 유튜브의 라이브커머스다(아주경제 2022. 12).

〈그림 59〉 카페24 홈 화면

〈그림 60〉 카페24에 라이브24

2023년 6월 30일부터 한국어판 쇼핑 채널 '유튜브 쇼핑'이 개설됐다. 유튜브가 쇼핑 채널을 운영하는 국가는 한국이 처음이다. 유튜브 쇼핑 탭에 들어가면 여러 크리에이터가 방송하는 라이브커머스 영상을 모아 볼 수 있다. 원하는 방송을 클릭하면 일반 영상 콘텐츠와 유사한 방식으로 영상이 재생되고, 방송 화면과 하단에 상품을 구매할 수 있는 배너를 볼 수 있다. 배너를 클릭하면 외부 플랫폼으로 연결돼 구매까지 간편하게 할 수 있다. 라이브커머스 방송은 시청자 모으기가 중요한데, 이미 충분한 시청자 수를 확보하고 있는 유튜브의 등장이 라이브커머스 시장에 큰 변화를 가져올 것으로 생각된다.

〈그림 61〉 유튜브 쇼핑 탭

〈그림 62〉 유튜브 쇼핑 라이브

04

왜 네이버쇼핑 라이브인가?

1 | 국내 1위 이커머스 플랫폼

네이버쇼핑 라이브는 개방형 라이브커머스 플랫폼으로 기존 브랜드사 위주의 라이브커머스 시장 진입 장벽을 확연히 낮춰 중소상공인(Small and Medium Enterprises, SMEs)도 스마트폰 하나만 있으면 쇼핑 라이브를 이용해 쉽게 판매 촉진을 할 수 있도록 제공하고 있다. 또한 스토어 판매자들이 새로운 판매 도구를 좀 더 효과적으로 활용할 수 있도록 네이버 비즈니스스쿨을 통한 무료 온라인 교육 및 네이버스퀘어를 통한 무료 스튜디오 대여 등 지원프로그램을 '프로젝트 꽃'의 일환으로 제공하고 있다.

<출처: 네이버 D-커머스리포트 성균관대학교 김지영 교수 연구팀>

네이버쇼핑 라이브는 시청경험 및 주 이용 애플리케이션 웹사이트의 압도적인 1위이다.

〈그림 63〉 라이브커머스 시청 경험,
주 이용 애플리케이션, 웹사이트

2 | 업계 최저 수수료와 빠른 정산, 간편결제

라이브방송을 통한 구매와 다시보기 영상에 노출된 상품을 통해 구매가 일어나는 경우
라이브 매출 연동 수수료 3%+네이버페이 주문관리 수수료(등급별 상이)가 추가된다. 국내사업자로서, 스마트스토어 월 거래건수 3개월 연속 20건 이상, 반품률 20% 미만, 자전거래 등에 따른 판매 패널티 점수가

일정 수준 이하일 경우 신청이 가능한 정산도 스마트스토어의 좋은 시스템이다. 고객이 수령 후 바로 네이버에서 구매확정을 하면 판매자는 그 다음 날 판매대금을 정산받는다. 일반 정산은 약 8일, 빠른 정산은 약 3일이다. 수수료가 없고 자금 회전이 빨라서 판매자에게 큰 도움이 된다. 또한 스마트스토어 구입 시 네이버페이 간편결제를 사용할 수 있다. 네이버페이는 신용카드 최초 1회 해당 정보를 등록한 후 비밀번호 입력만으로 간편하게 결제할 수 있는 서비스이기 때문에 소비자가 간편하게 결제할 수 있다.

최소 **5.2%** ~ 최대 **6.36%** 과금

네이버페이 주문 관리 수수료		라이브 매출 연동 수수료 3%
업체	**수수료**	라이브에 등록된
영세	2.2%	상품 태그를 통해
중소 1	2.75%	상품구매가 이루어지는 경우
중소 2	2.86%	
중소 3	3.08%	
일반	3.36%	

〈그림 64〉 네이버 스마트스토어 수수료, 라이브 매출 연동 수수료

3 | 상대적으로 낮은 쇼핑 라이브 진입 장벽

2021년 6월 10일부터 네이버쇼핑 라이브 권한이 스마트스토어 '파워' 등급 판매자 이상에서 '새싹' 등급 판매자 이상으로 변경되었다. 최근 3개월 누적데이터, 구매확정 기준으로 판매건수 100건 그리고 200만 원 이상이면 된다.

등급표기		필수조건		
등급명	아이콘 노출	판매건수	판매금액	굿서비스
플래티넘	🛡️	100,000건 이상	100억원 이상	조건 충족
프리미엄	🏅	2,000건 이상	6억원 이상	조건 충족
빅파워	🏅	500건 이상	4천만 이상	-
파워	🏅	300건 이상	800만원 이상	-
새싹	-	100건 이상	200만원 이상	
씨앗	-	100건 미만	200만원 미만	

산정 기준 : 최근 3개월 누적 데이터, 구매확정 기준(부정거래, 직권취소 및 배송비 제외)
등급 업데이트 주기 : 매월 2일 (예) 10월 등급 산정 기준: 7월~9월 총 3개월 누적 데이터 (월:1일~말일)
플래티넘과 프리미엄은 거래규모 및 굿서비스 조건까지 충족시 부여되며, 굿서비스 조건 불충족시 빅파워로 부여됩니다.

〈그림 65〉 네이버 스마트스토어 판매자 등급 기준

4 | 라이브커머스 홍보를 돕는 다양한 행사

1) 블루밍데이즈

네이버쇼핑 라이브 홈 화면으로 가면 첫 화면에 이렇게 블루밍데이즈 화면이 뜬다. 참여 조건이 되면 네이버쇼핑 공식 블로그에 들어가 신청한 후 선정이 되면 광고비 없이 라이브를 홍보해 주니, 꼭 한 번 도전해 보길 추천한다. 그동안 빅파워 이상인 스토어에서만 블루밍데이즈 지원 가능했는데, 2023년 4월부터는 새싹부터 지원이 가능하다고 하니 꼭 도전해 보길 바란다.

〈그림 66〉 블루밍데이즈 홍보 화면

　　신청 방법은 네이버쇼핑 공식 블로그에 들어간 후 블루밍데이즈에서 첨부된 엑셀 파일(블루밍데이즈_상품판매 제안서) 작성 후 네이버 폼을 통해 제출을 하면 된다.

〈그림 67〉 블루밍데이즈 엑셀 파일

(1) STEP 1 엑셀 파일 작성

구분	라이브 일시	카테고리	쇼핑라이브명	쇼핑라이브아이디	상품명	상품 URL	판매가능 재고수량	상품기준가 (실가기 아닌 현재 판매가)	행사 제안가	3가 대비 할인	배송여부	타 행사 이력 및 계획	소식받기 혜택 내용	라이브 진행 포스트	입점담당자
생활	4월 13일 19시	작년	맛있마늘채널	thingeter	스799 가을신상 Nu차즈 10종		300	69,900	29,900	57%	무료배송	타임특가 진행 1500원송 작월	소식받기 1%할인 쿠폰	쿠폰+이 000 유튜버 000 작용	김OO
설치기입															

〈그림 68〉 블루밍데이즈 엑셀 파일

(2) STSTEP 2 네이버 폼 제출

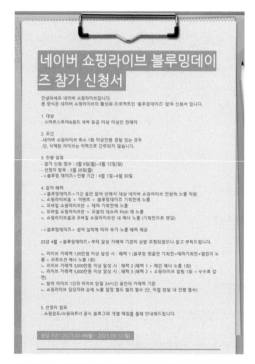

〈그림 69〉 네이버쇼핑 라이브 블루밍데이즈 참가신청서

(3) 블루밍데이즈 선정 후 네쇼라 진행

변경 전(대상: 빅파워 이상) 3월 블루밍데이즈에 수강생 2분이 선정되었다.

선정자 발표는 블로그와 개별 메일을 통해 알 수 있다.

안녕하세요.
네이버 쇼핑라이브 <블루밍데이즈> 담당자입니다.

네이버 쇼핑라이브에 관심을 가지고 지원주셔서 감사드리며,
3월에 진행되는 <블루밍데이즈> 판매자로 선정되셨음을 안내드립니다.

스토어명	라이브 진행 일시
유앤미U.N.Me	2023.03.01 11시 00분
태영한우	2023.03.01 19시 00분
천지푸드	2023.03.01 19시 50분
네츄럴런드리	2023.03.11 15시 00분
선물워하지	2023.03.12 12시 30분
애피샵branch	2023.03.12 17시 40분
푸름웰니스 스토어	2023.03.13 08시 30분

〈그림 70〉 네이버쇼핑 라이브 공식 블로그에 안내된 선정자 중
천지푸드와 네츄럴런드리

쇼핑윈도 공식 블로그(https://blog.naver.com/n_shopwindow)
쇼핑파트너 공식 블로그 (https://blog.naver.com/naver_seller)

3월 블루밍데이즈에 선정된 스토어는 하루 전 광고, 방송 후 하루 동안 지난 방송 보기로 볼 수 있게 해준다.

두 방송은 실시간 구매순 1위까지 했고, 네츄럴런드리는 전체 시청순 1위까지도 했다. 두 사진은 방송 후 인스타 친구들이 캡처를 해서 대표

〈그림 71〉 네이버쇼핑 라이브 홈 첫 화면에 뜨는 블루밍데이즈

〈그림 72〉 예고페이지를 만들고 라이브방송에 소개될 제품을 볼 수 있게 한다.

〈그림 73〉 라이브에 소개될 제품

〈그림 74〉 블루밍데이즈를 누르면 실시간 방송으로 소개가 된다.

〈그림 75〉 천지푸드 블루밍데이즈

〈그림 76〉 네이버쇼핑 라이브 푸드에
서 구매순 1위

〈그림 77〉 네츄럴런드리 100회
네쇼라&블루밍데이즈

〈그림 78〉 네이버쇼핑 라이브 전체에서
시청순 1위

님들께 보내 준 사진이다. 과정도 즐겁지만, 결과가 좋을 땐 참 기쁘다. 네이버쇼핑 라이브를 두 분 다 100회 넘게 진행하셨고, 지금도 최선을 다해 그리고 꾸준히 방송하는 두 대표님! 빅파워를 달성하고 이렇듯 블루밍데이즈에도 도전한 후 선정이 되었다는 소식에 응원해 드리고 싶어 한 걸음에 달려갔다. 이런 날은 이동거리가 길어 몸은 조금 피곤했지만, 마음은 참 기뻤다. 도리어 선물을 받고 온 기분이었다.

(4) 참여 조건 완화된 블루밍데이즈

	변경 전	변경 후(2023년 4월부터)
대상	스마트스토어/윈도 빅파워 등급 이상인 판매자	스마트스토어/윈도 새싹 등급 이상인 판매자
조건	네이버쇼핑 라이브 최소 1회 이상 진행 경험 있는 경우 (단, 삭제한 라이브는 이력으로 간주되지 않습니다)	
추가노출 혜택 제공 거래액 기준 상향조정	라이브 거래액 500만 원 이상 달성 시 : 혜택 1(라이브 기획전 노출+테마 기획전 노출+캘린더 노출+프로모션 배너 노출 1회) 라이브 거래액 1,000만 원 이상 달성 시 : 혜택 2(혜택 1+메인 배너 노출 1회) 라이브 거래액 3,000만 원 이상 달성 시 : 혜택 3(혜택 2+쇼핑 라이브 알림 1회+수수료 감면)	라이브 거래액 1,000만 원 이상 달성 시 : 혜택 1(라이브 기획전 노출+테마 기획전 노출+캘린더 노출+프로모션 배너 노출 1회) 라이브 거래액 3,000만 원 이상 달성 시 : 혜택 2(혜택 1+메인 배너 노출 1회) 라이브 거래액 5,000만 원 이상 달성 시 : 혜택 3(혜택 2+쇼핑 라이브 알림 1회+수수료 감면) * 참여 라이브 1건의 라이브 당일 24시간 동안의 거래액 기준 * 쇼핑 라이브 담당자와 상세 노출 일정 별도 협의 (단, 익월 한 달 내 진행 필수)

진행 방법

4월 중 판매자가 자유롭게 라이브 진행(행사 기간 중 1회에 한해서 지원 혜택 제공)

2) 블루밍 앵콜전

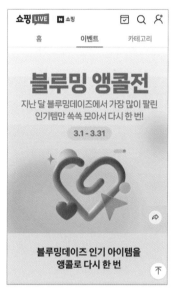

〈그림 79〉 블루밍 앵콜전

블루밍 앵콜전은 참여 실적에 따른 추가 노출 혜택으로 블루밍데이즈 참여 라이브 1건의 거래액이 일정 수준 이상으로 발생되면 다음 달 진행하는 라이브에 대해 추가 노출 혜택을 제공받는다.

* 2023년 4월부터 추가 노출 거래액 기준이 상향 조정되었다.

- 라이브 거래액 1,000만 원 이상 달성 시 : 혜택 1(캘린더 노출+프로모션 배너 노출 1회+블루밍 앵콜전 기획전+테마 기획전)
- 라이브 거래액 3,000만 원 이상 달성 시 : 혜택 2(혜택 1+메인 배너 노출 1회)
- 라이브 거래액 5,000만 원 이상 달성 시 : 혜택 3(혜택 2+쇼핑 라이브 알림 1회 + 수수료 감면)
- 블루밍데이즈 참여 라이브 1건의 라이브 당일 24시간 동안의 거래액 기준
- 쇼핑 라이브 담당자와 상세 노출 일정 별도 협의(단, 익월 한 달 내 진행 필수)

블루밍 앵콜전 기획전은 쇼핑 라이브 홈 〉 이벤트 〉 블루밍 앵콜전에서 볼 수 있다.

3) 다양한 이벤트

네이버쇼핑 라이브 이벤트에서는 '블루밍데이즈' 말고도, '가치삽시다', '잠시 쉬어 봄', '오늘만 핫딜', '도착보장 특가' 등 월과 계절에 맞게 이벤트를 진행해 쇼핑 라이브를 홍보하며 판매를 돕는다.

자세한 내용과 신청은 네이버쇼핑 파트너 https://blog.naver.com/naver_seller나 혹은 네이버쇼핑 윈도우 공식블로그 https://blog.naver.com/n_shopwindow를 이용하면 된다.

〈그림 80〉 네이버쇼핑 라이브 이벤트

〈그림 81〉 네이버쇼핑 라이브 이벤트

4) 쇼핑 라이브 솔루션

네이버쇼핑 라이브를 이용하는 판매자에게 운영하고 있는 자사몰에서도 네이버쇼핑 라이브를 간편하게 연동할 수 있도록 '쇼핑 라이브 솔루션' 베타 서비스를 시작한다고 한다.

이처럼 네이버쇼핑 라이브는 다양한 이벤트를 통해 소비자도 판매자도 만족할 수 있는 플랫폼이라 생각한다. 따라서 네이버쇼핑 라이브를 잘 활용해 보길 바란다.

〈그림 82〉 네이버 라이브 솔루션

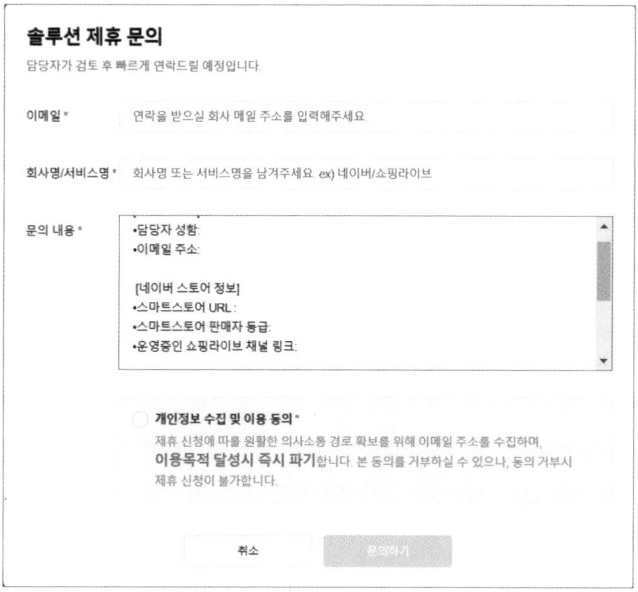

〈그림 83〉 네이버 라이브 솔루션 문의

라이브커머스
첫 단추 끼우기

01

방송 전에
뭘 준비해야 하나?

1 │ 라이브커머스를 위한 장비 알아보기

1) 모바일 기기

라이브커머스 송출을 위해서 성능 좋은 카메라, 캠코드를 이용해 방송을 할 수도 있지만, 가장 쉬운 방법으로 1인 방송을 위한 장비로 최신 핸드폰을 추천한다. 네이버쇼핑 라이브방송을 위해서는 먼저 스마트스토어센터 앱이나 쇼핑 라이브앱을 다운받아야 한다. 이 두 앱은 iOS12, Android9 이상 버전에서 사용 가능하며 고화질 라이브 송출을 위해서는 아이폰 X, 갤럭시 S9 이상의 최신폰에서 라이브를 권장한다. 방송 전 저장 공간을 꼭! 확인해야 한다. 최소 500MB 이상은 되어야 하며, 스마트폰의 잔여용량 체크하는 방법은 다음과 같다.

〈그림 1〉 잔여 용량 체크
출처 : 네이버 비즈니스스쿨

2) 댓글 모니터용 : 태블릿PC, 노트북, PC 모니터, TV

라이브방송을 핸드폰 하나로 진행할 수도 있지만, 진행하다 보면 댓글이 잘 안 보이는 경우가 있다. 그럴 경우 태블릿 PC, 노트북, PC 모니터, TV 등을 사용해 보길 추천한다. 핸드폰보단 화면이 커서 댓글을 읽으며 소통하기가 아주 편하다. 댓글 소통을 위해서 가장 좋은 방법은 송출화면을 미러링해서 보거나 노트북이나 PC 연결 시에는 네이버쇼핑 라이브 관리툴 클릭〉라이브보드로 들어가 보는 방법이 있다. 〈그림 2〉 TV 연결은 노트북과 HDMI를 연결하여 화면을 더 크게 볼 수 있다.

요즘은 LG 스탠바이미를 가지고 계신 분들도 계신데 이 또한 댓글 보기가 아주 편하다. 단, 라이브보드로 댓글을 읽을 땐 방송 송출 속도와 거의 차이가 없지만, 네이버쇼핑 라이브에 나가는 화면을 보며 댓글을 읽을 때는 송출 시간이 있어 몇 초가 늦다는 것을 기억하길 바란다.

좀 더 댓글을 편하게 보기 위해서는 라이브보드에 연결해 놓은 노트

〈그림 2〉 네이버쇼핑 라이브방송 중 라이브보드

북과 LG 스탠바이미, PC 모니터, TV 등을 HDMI를 사용하여 연결하면 된다. 핸드폰 충전도 해야 하고 마이크, 유선케이블도 연결해야 할 때는 멀티허브를 사용해 보자. 종류가 많으니 필요한 조건에 맞춰 구입하면 된다. 개인적으로는 belkin 제품을 추천한다.

〈그림 3〉 LG 스탠바이미　　　〈그림 4〉 이동식 거치대에 TV설치

〈그림 5〉 HDMI 검색

〈그림 6〉 belkin 멀티허브

🙂 해피유진의 Tip

핸드폰을 어떤 걸 사야 하느냐고 물어보는 분들이 많다. 나도 모두 사용해 본 게 아니라 뭐가 좋다고 단정적으로 말할 수 없지만, 최신폰이 나올 때 바로 앞전 버전의 핸드폰이 할인이 많이 되니 바로 전 핸드폰을 구입 후 메모리 용량을 좀 더 늘려 사용하는 게 좋다(사진과 동영상을 저장하다 보면 용량이 부족할 경우가 있기 때문에). 메모리는 128GB 이상을 추천한다. 개인적으로는 1인 방송 시 핸드폰보단 태블릿pc가 사용하기 좋다고 생각한다. 태블릿pc는 핸드폰보다는 화면이 커서 댓글이 잘 보이고, 내 표정과 제품을 보여주며 방송하기에 편리하다. 핸드폰 하나만 사용 시 댓글이 잘 안 보인다면, 노트북으로 네이버쇼핑 라이브 관리툴에서 라이브보드로 들어가 보면 된다. 또는 사용하지 않는 모니터와 연결하여 보는 방법도 있다. 단, 다른 모니터를 하나 더 사용 시엔 댓글을 읽으면서 메인 카메라인 핸드폰을 보지 않을 경우가 많은데, 이 점은 주의해야 한다.

3) 조명

햇빛이 잘 들어오는 곳이나 야외에서 방송을 할 경우는 괜찮지만, 날씨가 흐린 경우나 실내에서 방송을 할 경우 전체적으로 어둡기 때문에 조명은 반드시 있어야 한다. 처음에 집에 있던 스탠드 하나를 켜서 방송을 해 본 적도 있지만 확실히 조명이 있으면 제품도 방송을 하는 분도 선명하게 잘 보이고 예쁘게 보여 구매전환율을 높일 수 있다.

(1) 룩스패드

룩스패드는 좁은 공간에서 사용이 용이하고 무게가 가벼워 이동하기 편하고 눈부심이 거의 없어 이미 많은 유튜버나 라이브방송하는 분들에게 인정받은 LED 조명으로 현재 최신모델인 63H까지 나와 있다. 기존 43H보단 광량이 훨씬 높다. 높이가 최소 86cm~최대 190cm 정도는 되어야 앉아서 방송은 물론 서서 방송하는 경우에도 편리하게 사용할 수 있고 원하는 앵글로 각도 조정도 가능하다.

[유쾌한생각] 유튜브 ASMR, 먹방 촬영세트-룩스패드K63H

| 판매가 | 613,000원 |
| 적립금 | 1%(6130원) |

〈그림 7〉 룩스패드   〈그림 8〉 룩스패드 K63H

(2) 링라이트

링라이트는 주로 뷰티 방송을 하는 분들이 많이 사용하는 조명이다. 조명이 눈동자에 반사되어 눈동자를 예쁘게 보이게 하며 얼굴에 그림자가 생기지 않아서 좋다. 무게도 가볍고 슬림하며 각도 조정도 가능하다. 라이트 지름이 다르고 높이 조절이 다른 링라이트를 3개 구입해서 직접 사용해 보았는데, 링의 크기가 너무 작은 것은 눈부심이 강해 방송 중 눈이 불편했다. 구입할 때는 원지름이 18인치 이상인 링라이트를 추천한다. 링라이트와 함께 핸드폰 거치대를 2개 이상 꽂을 수 있는 것도 있다. 예를 들어 인스타 라이브방송(네이버쇼핑 라이브를 하고 있다는 것을 알리는 역할)과 네이버쇼핑 라이브를 동시에 할 때 하나의 거치대에 두 개의 핸드폰을 사용할 수 있어 편리하다.

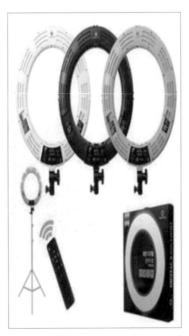

〈그림 9〉 대한 DH-RL 18 링라이트 조명

(3) 난라이트(NANLITE)

앞에 설명 드렸던 조명보다 가격은 조금 비싸나 방송할 수 있는 공간에 여유도 있으면서 좀 더 전문적인 장비를 갖춰서 라이브방송을 하고 싶으신 분들에게 난라이트를 소개해 드리고 싶다. 조립을 해야 하는 번거로움은 있으나, 천천히 하면 조립은 어렵지 않다.

〈그림 10〉 출처 : 유쾌한 생각

〈그림 11〉 난라이트 직사각소프트박스
SB-RT-90x60

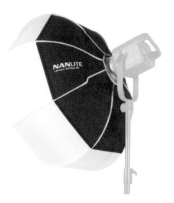

〈그림 12〉 난라이트 LT-80
랜턴 젬볼 소프트박스

① 〈그림 11〉은 2:3 비율 면적의 직사각형 형태의 소프트박스로 빛의 부드러운 확산을 도와주어 인물 촬영 시 균일한 피부톤을 연출하는 데 좋다.

② 〈그림 12〉는 젬볼 스타일의 원형 소프트 박스로 부드러운 빛 표현이 가능하고 직물촬영, 음식촬영에 최적화되어 있다.

③ 난라이트 대광량 스튜디오 조명 모델인 FS-150은 30만 원대이며, 광량이 두 배인 FS-300은 50만 원대이다. 11가지의 이펙트가 탑재되어 다양한 연출이 가능하며, 라이브커머스 방송 시엔 TV로 선택하고 밝기를 조절하여 사용한다.

〈그림 13〉 난라이트 대광량
스튜디오 LED 조명 FS-150

〈그림 14〉 11가지 이펙트

④ 발렌스 스탠드는 4단으로 최대 적재량은 5kg이며, 최대 높이는 3m이다.

〈그림 15〉 발렌스 PRO-403A
촬영 조명 스탠드

조명을 구입할 때 새 제품도 괜찮지만, 당근마켓이나 중고사이트를 이용해 보길 추천한다. 거의 새 제품 같은 조명이 반값도 안 되게 올라오는 경우가 많다. 나 역시도 룩스패드를 1개 값도 안 되는 가격에 2개를 구입할 수 있었다. 당근마켓에선 적당한 제품이 없을 경우 알림을 신청하고 기다리면 좋은 가격에 구입할 수 있다.

4) 마이크

처음 시작할 땐 꼭 마이크가 없어도 괜찮다. 요즘 핸드폰 성능이 아주 좋기 때문이다. 하지만 마이크를 사용하여 선명한 음질로 생생하게 방송이 전달되면 시청자가 듣기에 더 좋아 집중도를 높일 수 있다. 특히 푸드 방송을 할 경우는 마이크 사용을 추천한다. 음식 조리 시 나는 소리와 함께 음식을 먹으며 시연하는 장면에서 마이크를 통해 식감이 잘 전달할 수 있기 때문에 매출에 좋은 영향을 끼친다.

(1) 보야 핀마이크

보야 핀마이크는 처음 사용하기에 부담이 없는 제품이다. 가격도 1만 원대이고, 길이는 6m라 여러모로 좋다. 유선이라 따로 충전을 해야 하는 번거로움은 없다. 단, 이동이 많은 경우엔 유선이라 불편할 수 있다. 핸드폰 타입에 맞게 C타입 이어폰 젠더나, 아이폰 이어폰 젠더를 추가 구입해야 한다(5~7천 원대 구매가능). 이렇게 구입하는 게 귀찮으면 BY-M3처럼 아예 C타입이 연결되어 있는 마이크를 구입해도 괜찮다. 단, 가격은 약 4만 원대이다.

| 〈그림 16〉 보야 BY-M1 | 〈그림 17〉 젠더 | 〈그림 18〉 BY-M3 |

(2) 보야 무선마이크

보야 무선마이크는 충전해서 사용하는 마이크로 매우 가볍고 크기도 작아 사용하기에 편리하다. 한 번 충전으로 10시간 정도 사용 가능하며, 1인 마이크는 7만 원대이고, 2인 마이크는 10만 원대이다. 송신기가 C타입과 iOS용이 따로 있으니 사용하는 모바일 기기에 맞춰 구입해야 한다.

| 〈그림 19〉 BY-WM3T2-D1 아이폰용 | 〈그림 20〉 BY-WM3T2-U2 C타입 |

(3) 코미카 무선마이크(B00MX-D PRO D1, D2)

코미카 무선마이크 프로는 스마트폰, 카메라, 컴퓨터 등 다양한 기기에 연결이 가능하다. 녹음 기능이 있고, 내장 메모리 8GB, 작동거리 100m이며, 마이크 작동 및 배터리 상태 실시간 확인이 가능하다. 실시간 오디오 모니터링을 할 수 있으며, 상황에 따라 내장 마이크, 핀 마이크 중 원하는 입력모드를 사용할 수 있다. 1인 마이크는 가격이 20만 원대, 2인 마이크는 30만 원대 후반이다.

〈그림 21〉 코미카 무선마이크 (B00MX-D PRO D1, D2)

(4) 샷건 마이크

마이크 정면의 소리만을 받아들이는 단일 지향성 마이크로 출연진 3명 이상이 진행하거나 식품 판매 중에서도 요리하는 과정의 소리를 전달하고 싶은 경우 사용하면 좋다.

〈그림 22〉 코미카VM20지향성 샷건 마이크   〈그림 23〉 코미카 VM10-K2 PRO

5) 거치대

핸드폰이나 태블릿PC를 이용하여 방송을 할 경우 안전하며 원활하게 방

송할 수 있는 거치대가 필요하다. 스탠딩 방송을 주로 하는 분들은 높이를 꼭 확인한 후 구입하길 추천한다.

〈그림 24〉 로제트 RX-5590
자이언트 스탠드 삼각대

(1) 이동하기 편한 삼각대 (rozet RX-5590)

로제트 삼각대는 4단 접이식 삼각대이고, 알루미늄으로 만들어 가볍고 단단하며, 이동하기 편리하다. 핸드폰과 태블릿PC, 카메라까지 사용 가능하고 최소 48cm~최대 180cm 높이까지 조절할 수 있으며, 블루투스 리모콘도 있다. 각도조절은 180도까지 가능하고, 가격은 2만 원대이다.

(2) 각도 조절이 편리한 거치대

자바라 거치대는 핸드폰뿐만 아니라 태블릿PC도 사용 가능하며 화면 각도, 높낮이 조절이 편리하여 앉아서나 서서 방송하기에 좋다. 특히 패션 카테고리를 판매하는 분들에겐 〈그림 25〉를 추천한다. 태블릿 사용 시엔 핸드폰 보다 무거워 연결봉이 휘는 경우가 있고 밑에 받쳐 주는 추의 중심이 잘 안 맞아 앞으로 쏠리는 제품도 있는데 자바라 제품 중 제 이런 자바라가 그런 문제 있는 부분을 보완해서 나왔다. 단, 밑에 받쳐 주는 추 무게가 무거워 이동하기엔 불편하다. 가격은 2만 원대이다.

앉아서 방송을 할 경우는 테이블에 두고 핸드폰부터 태블릿PC까지 사용 가능한 카멜마운트 PAB2를 추천한다. 가격은 2만 원대이고, 가로 세로 360도 회전, 스마트폰은 물론이고 12.0인치 태블릿PC도 사용 가능하며 섬세하게 각도를 조절할 수 있는 장점이 있다.

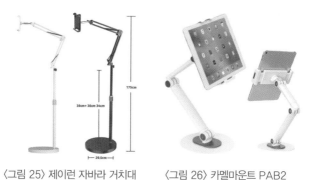

〈그림 25〉 제이런 자바라 거치대 　〈그림 26〉 카멜마운트 PAB2

(3) 휴대용 삼각대(일명 셀카봉)

가방에 넣고 이동하기 편하며 가벼워 언제 어디서든 설치 후 라이브를 편하게 할 수 있다. 전체를 받쳐 주는 지지대가 좀 길고 안정적인 것을 고르는 것이 좋다. 요즘은 짐벌(움직이며 촬영해도 수평 유지와 손 떨림을 보완해 줌)에 거치대까지 되는 제품들도 있으니 필요한 기능에 맞게 구입하면 된다.

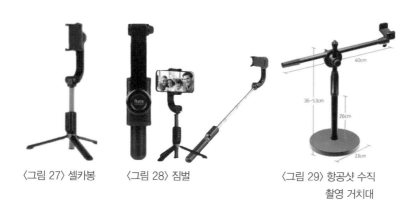

〈그림 27〉 셀카봉 　　〈그림 28〉 짐벌 　　〈그림 29〉 항공샷 수직
촬영 거치대

(4) 항공샷 수직 촬영 거치대

위에서 아래를 촬영할 때 두 손을 자유롭게 사용하며 사진을 찍거나 영상 제작, 제품을 자세히 보여줘야 하는 라이브방송 시 아주 유용하다. 앉아서 1인 라이브방송 시에도 각도를 조정 후 수직으로 세워 사용 가능하다. 특히 음식 조리나 핸드메이드 제품을 상세하게 보여줄 때 아주 좋다. 〈그림 29〉

6) 배경과 의상

라이브커머스의 주인공은 제품이다. 쇼호스트의 의상이 너무 튀면 시선이 쇼호스트에게 가게 되고, 제품과 동일한 색 의상을 입었을 경우는 제품과 의상이 붙어 보여 잘 보이지 않게 된다. 따라서 제품에 따라 상황에 맞는 의상을 골라 입는 걸 추천 드린다. 가급적이면 파스텔톤을 고르는 것이 좋고, 음식 판매라면 앞치마를 입고, 명절이라든지 크리스마스 등 절기와 행사에 맞는 소품이나 의상을 적절하게 사용하면 더 효과적이다. 매장이나 집에서 라이브방송을 할 때 뒷배경을 조정하기 힘들 경우가 있다. 배경과 의상이 같은 색상일 경우도 배경과 의상이 붙어 보여 얼굴만 동동 떠 보일 수 있으니 주의하자. 배경지를 제품과 어울리는 것으로 선택 후 사용해 보자. 배경지로 인기 있는 색상은 핑크, 코랄색, 노랑이다. 단, 패션 판매일 경우는 제품 자체 색상이 화려하고 다양하기 때문에 배경색으로 흰색이나 연그레이를 추천한다. 실내에서 방송할 경우 예를 들어 농산물이나 수산물 판매 시 현지 느낌을 주고 싶을 때는 크로마키 기능을 활용해 야외 배경을 사용하면 보다 효과적이다.

〈그림 30〉 롤 스크린 배경지

〈그림 31〉 배경지와 이동이 편한 거치대

〈그림 32〉 핑크색 배경지를 사용한
라이브방송

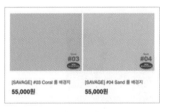

〈그림 33〉 배경지 추천색상

〈그림 34〉 크로마키를 위한 원터치
배경천

7) 소품

방송에 소개할 제품들이 잘 보이게 진열하기 위해서는 필요한 도구들이 몇 가지 있다. 투명 아크릴 선반은 제품 진열 시 높낮이를 다르게 해서 여러 제품이 골고루 잘 보일 수 있게 할 수 있다. 제품을 고정해야 할 경우에는 스카치테이프나 종이테이프를 사용하면 좋다. 종이 재질 포장인 제품은 스카치테이프 사용보단 종이테이프를 사용해 제품에 손상이 안 가도록 하는 것이 좋다. 가까운 다이소를 이용해 보자. 나무 박스나 진열대, 조화 등 방송에 필요한 소품을 싼 가격에 구입할 수 있다.

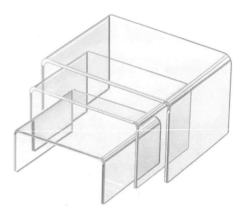

〈그림 36〉 투명 아크릴선반을 이용하면 제품진열에 효율적이다.

〈그림 35〉 세로 화면으로 송출되기 때문에 높이를 적당하게 높여 주어야 제품이 잘 보인다.

〈그림 37〉 종이테이프는 접착 후에도 제품에 손상이 없어 좋다.

제품의 이름이나 가게 상호, 또는 쇼호스트를 알리기 위해서는 반짝이 이름표를 사용해 보길 추천한다. 인터넷 쇼핑에서 반짝이 이름표를 검색해 보면 구입 가능하다. 단 쇼호스트로 타제품 판매 시엔 이름표를 달지 않길 바란다. 제품이 주인공이기에 그 회사 제품을 홍보해 주고, 판매가 더 잘 될 수 있도록 신경을 쓰자.

〈그림 38〉 반짝이 이름표

〈그림 39〉 미미주 4주년 기념 축하 & 특가 이벤트 라이브

〈그림 40〉 마녀떡볶이 네쇼라

〈그림 41〉 제주도 밭에서 네쇼라

방송 시 계절이나 상황에 맞게 머리띠나 액세서리 등의 소품을 활용해 보자. 방송을 보는 분들에게 즐거움을 더 할 수 있어 시청하는 분들의 시선을 끌 수 있게 되고, 방송에 머무르는 시간이 길어지다 보면, 구매로 이어질 확률이 높아진다. 내 제품을 보다 효과적으로 알릴 수 있는 소품도 적절하게 잘 사용하면 매출에 도움이 된다.

무료로 스튜디오 사용이
가능하다고?

이제는 핸드폰 하나만 있으면 어디서든 라이브방송을 진행할 수 있다. 집 한쪽 공간을 이용해 라이브방송도 할 수 있다. 하지만 좀 더 라이브 장비를 갖추고, 전문적인 방송연출을 하고 싶은 분들을 위해 무료 스튜디오를 소개해 보겠다.

1 | 네이버쇼핑 라이브 전용 스튜디오

네이버쇼핑 라이브 전용 스튜디오는 무료로 이용할 수 있다. 단, 푸드방송은 광주 스튜디오A에서만 인덕션 사용 가능, 그 외 다른 스튜디오는 조리 불가하고, 전자레인지를 자체 지참하면 조리는 가능하다. 스튜디오를 사용하려면 먼저, 네이버쇼핑 공식 블로그나 네이버쇼핑 윈도우 공식블로그에서 네이버쇼핑 라이브 스퀘어 신청을 클릭하고 들어가 신청하면 된다.

(신청서 링크: https://naver.me/Ftlugl7Z)

(1) 위치: 서울시에는 종로, 홍대, 역삼, 지방은 부산, 광주

(2) 대상: 스마트스토어 파워레벨 이상이거나 캘린더 노출 대상인 경우

(3) 스튜디오 오픈 시간: 주중 8:00~21:00

(4) 이용가능 시간: 스토어당 한 달에 2회, 최대 3시간까지 가능

〈그림 42〉 네이버쇼핑 라이브 종로 스튜디오 입구

〈그림 43〉 다양한 소품도 사용 가능

〈그림 44〉 네이버쇼핑 라이브 전용 스튜디오
이용 신청서 양식

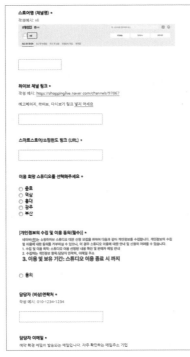

〈그림 45〉 네이버쇼핑 라이브 전용
스튜디오 이용 신청서 양식

〈그림 46〉 네이버쇼핑 라이브 전용
스튜디오 이용 신청서 양식

〈그림 47〉 네이버쇼핑 라이브 전용 스튜디오 이용 신청서 양식

중소벤처기업부가 주관하고 중소기업유통센터가 위탁, 운영하는 소상 공인 전용 라이브 스튜디오는 소상공인들의 온라인 판로개척을 위해서 마련된 공간이다. 소상공인, 중소기업의 B2C목적인 제품의 판매, 홍 보 목적으로 이용이 가능하다. 스튜디오 공간에서 제품 사진촬영은 물 론이고 영상촬영이나 라이브방송도 가능하다. 신청 대상자는 소상공인, SNS, 블로그, 유튜브 등 활성화된 계정 운영자 중 팔로워 1만 명 이상, 블로그 일 조회수 1만 명 이상, 파워블로거 및 네이버 공식 인플루언서 로 선정된 자도 가능하다. (링크: https://bizschool.naver.com/studio/seoul) 화 기, 유독성 제품 이용은 제한되며, 조리가 필요한 제품은 키친 스튜디오 에서만 가능하다.

1) 위치: 서울특별시 양천구 목동동로 309 행복한백화점 4층
2) 대상: 소상공인, 인플루언서

　　　　수입, 중견기업, 대기업 제품은 이용이 불가능하다.

　a. 소상공인

　소상공인 명시된 [중소기업확인서] 송부 후 예약이 완료된다.

　(sbdc6678_official@naver.com)

　확인서 발급 방법 : [중소기업현황정보시스템] 홈페이지 접속

　(http://sminfo.mss.go.kr/cm/sv/CSV001R0.do)〉중소기업확인서 발급

　신청〉신청서 작성〉로그인〉JPG/PDF 파일 송부〉서류확인〉

　예약완료

　* 확인서와 예약자가 동일하여야 예약이 완료된다.

b. 인플루언서

인플루언서 인증 가능한 이미지/파일 송부 후 예약이 완료된

다.(sbdc6678_official@naver.com)

3) 스튜디오 오픈시간: 평일 10:00-20:00 (주말/공휴일은 휴관)

4) 이용 가능 시간: 10:00-19:30 (정리 후 19:30 퇴실 완료)

5) 문의 및 상담: 02)6678-9494 (네이버 톡톡 1:1 문의 가능)

〈그림 48〉 소상공인 전용 라이브 스튜디오

〈그림 49〉 패션 스튜디오(A관)

(1) 패션 스튜디오(A관)는 패션에 최적화된 인테리어를 기반으로 하여 밝고 환한 느낌의 스튜디오이다.

〈그림 50〉 라이프 스튜디오(B관)

(2) 라이프 스튜디오(B관)는 가정의 서재와 거실의 느낌을 기반으로 하여 안정감 있고, 따뜻한 분위기 연출이 가능하다.

〈그림 51〉 키친 스튜디오(C관)

(3) 키친 스튜디오(C관)는 서울 내에 있는 키친 스튜디오 중 최고 등급의 인테리어와 설비로 다양한 음식과 홍보에 완벽한 미디어 제작이 가능하다. 인덕션, 대형 냉장고, 오븐레인지, 각종 식기가 구비되어 있어 미디어 제작에 전문성을 더해 준다.

〈그림 52〉 멀티 스튜디오(D관)

(4) 멀티 스튜디오(D관)는 가정집 같은 느낌의 인테리어로 따뜻하고 세련된 느낌을 주는 스튜디오이다. 큰 쇼파와 탁자가 있고, 자연광이 이쁘게 들어와 따뜻한 느낌의 라이브커머스 구성은 물론, 세련된 제품 홍보 미디어 제작이 가능하다.

3 | 서울시 브이커머스 스튜디오

서울시가 동대문 등 서울시 소재 패션 소상공인들의 온라인 비즈니스를 돕기 위해 만든 촬영 스튜디오이다. 의류 및 패션잡화 등의 제품 촬영부

〈그림 53〉 네이버 검색에서 예약하기

터 라이브커머스까지 다양한 용도로 촬영이 가능하다. 또한 서울시 소재 패션 소상공인들의 온라인 비즈니스를 돕기 위해 컨설팅 서비스를 제공한다. 방송 장비, 조명, 소품 사용이 가능하다. 스튜디오 A, B, C는 제품 촬영, 라이브커머스 등 다양하게 사용할 수 있는 소형 스튜디오이고, 스튜디오 D는 360도, 누끼 촬영 등 다양한 촬영이 가능한 오르빗뷰 장비를 사용할 수 있는 스튜디오이다.

1) 주소 : 서울시 브이커머스 스튜디오

　서울특별시 중구 마장로 22 DDP패션몰 4층(신당동 251-7)

2) 대상 : 서울시 소재 패션 소상공인

3) 운영시간 : 월~금 오전 10:00~익일 오전 05:00

　일요일 오후 09:00~익일 오전 05:00, 토요일 및 공휴일 휴무

4) 문의 및 상담 : 02-6270-1333

〈그림 54〉 서울시 브이커머스 스튜디오

〈그림 55〉 서울시 브이커머스 스튜디오 예약하기

사이트에서 〈그림 55〉처럼 서울시 브이커머스 스튜디오 예약하기를
클릭하여 스튜디오 타입을 선택한 후 날짜와 시간선택해 예약을 하면
된다.

4 | 소담스퀘어

1) 소담스퀘어란?

소상공인이면 누구나에게 촬영 스튜디오, 영상 편집실, 교육장, 공유오피스 등 인프라 시설을 구축하여 소상공인 온라인 진출을 위해 A~Z까지 '전액 무료'로 지원하는 사업이다. 서울(역삼, 상암, 당산), 대구, 부산, 전주, 강원, 광주에 있고 자세한 위치는 아래에 설명해 놓았다.

(예) 디지털 역량 강화 실습교육, 라이브커머스 촬영, 상세페이지 제작지원, 온라인 기획전 등

   (1) 대상 : 온라인 진출을 희망하는 모든 소상공인

      필수서류 : 중소벤처기업부에서 발급한 중소기업 확인서(소상공인), 국세완납증명서, 지방세완납증명서

   (2) 운영시간 : 평일 10 : 00 ~17 : 00 (주말 및 법정 공유일 휴관)

   (3) 문의 및 상담

      소상공인미디어실 미디어기획팀 : 02-6678-9452~9456

〈그림 56〉 소담스퀘어 홈페이지

2) 소담스퀘어 운영 기관 소개

소담스퀘어는 서울시 역삼, 상암, 당산에 있고 대구, 부산, 전주, 강원, 광주에 있다. 자세한 소재지는 아래 〈그림 57〉과 같다.

구 분		공간 소재지
수행기관	디지털커머스 전문기관	
위메프	소담스퀘어 in 역삼	서울시 강남구 역삼로25길 32, 지하1층~4층(역삼동)
한국일보	소담스퀘어 in 상암	서울시 마포구 월드컵북로56길 19, 드림타워 2층(상암동)
오픈놀	소담스퀘어 in 당산	서울시 영등포구 양평로 2, 1~8층(당산동)
경북대학교/대구MBC	소담스퀘어 in 대구	대구시 북구 유통단지로13길 9, 지하1층(산격동)
부산경제진흥원	소담스퀘어 in 부산	부산시 동구 자성공원로 23, KT범일타워 18층(범일동)
전주정보문화산업진흥원	소담스퀘어 in 전주	전주시 덕진구 서귀로 107, 1~4층(팔복동)
강원도경제진흥원	소담스퀘어 in 강원	춘천시 후석로420번길 7, 2층(후평동)
KBC 광주방송	소담스퀘어 in 광주	광주시 서구 무진대로 919, 2층(광천동)

〈그림 57〉 소담스퀘어 운영 기관 소개

〈그림 58〉 소담스퀘어 운영 기관

PART 3

인스타그램으로
라이브방송하기

01
인스타그램으로
라이브 시작하기

　META(메타)에서 2022년 3분기 결산 보고를 하며 인스타그램 월간 활성 사용자수가 20억 명이라고 보고했다. 또한 인스타그램은 한국인이 가장 많이 사용하는 개인 SNS 앱이며, 10대부터 50대까지 다양한 연령대가 이용하고 있다. 그리고 인스타그램은 라이브커머스 플랫폼 중 진입장벽이 제일 낮다. 지금 당장이라도 계정을 만든 후 라이브방송을 아무 조건 없이 시작할 수 있기 때문이다. 다만 내 계정의 팔로워수가 많으면 많을수록 라이브방송을 볼 수 있는 잠재고객이 많을 수 있다.

　따라서 평소에 인스타그램 팔로워와 소통을 잘 하며 운영해 보길 추천한다. 또한 네이버쇼핑 라이브를 하기 전, 인스타그램을 통해 방송을 홍보할 수도 있다. 네이버쇼핑 라이브, 그립, 쿠팡 라이브, 11번가 등 다른 플랫폼에서 라이브방송을 할 경우에도 동시에 인스타 라이브방송을 켜고 프로필에 걸어놓은 링크를 클릭하고 다른 플랫폼에서 하는 라이브방송에 들어올 수 있기에 방송 알림으로 방송 유입도 늘릴 수 있다. 따라서 홍보와 라이브커머스까지 가능한 인스타그램은 꼭 운영하길 바란다. 자, 그럼 인스타그램 라이브하는 방법에 관해 알아보자.

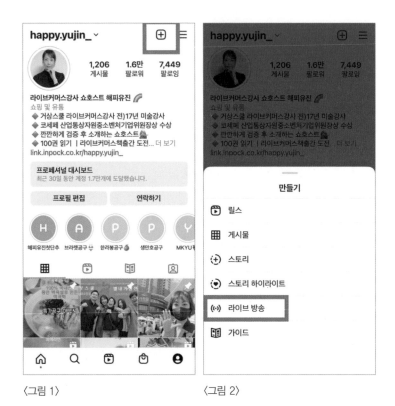

〈그림 1〉　　　　　　　　　〈그림 2〉

(1) 내 인스타 프로필에서 +버튼을 누른다.
(2) 라이브방송을 클릭한다.

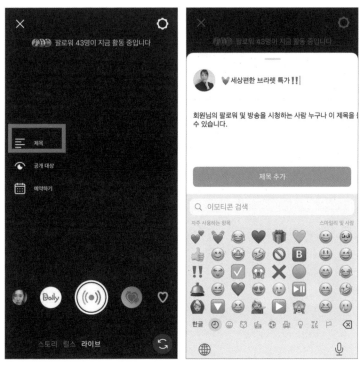

〈그림 3〉   〈그림 4〉

(3) 제목을 누른다.

(4) 라이브방송에 소개할 제품의 이름과 함께 어울리는 이모티콘을 사
용해 준다. 광고인 만큼 사람들의 시선을 끌어 라이브방송에 들어올
수 있는 확률을 높여 줄 수 있다.

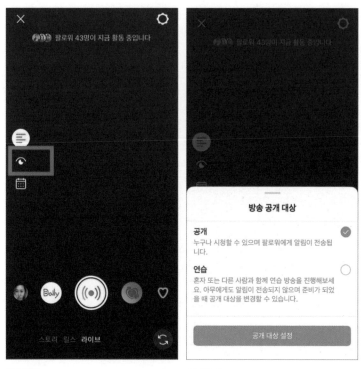

〈그림 5〉　　　　　　　　　　　　〈그림 6〉

(5) 방송공개대상 버튼을 클릭한다.

(6) 누구나 시청을 원하며, 팔로워들에게 알림을 원하면 공개를, 연습을
　　할 경우는 연습을 클릭한다.

〈그림 7〉

〈그림 8〉

〈그림 9〉

(7) 예약하기를 클릭한다(예약을 하지 않고 방송을 할 경우 바로 15번으로 가면 된다).

(8) 동영상 제목란을 클릭 후 이모티콘과 함께 판매할 상품을 작성한다(이모티콘 사용 시 라이브방송을 한다고 알림이 갈 때 글씨만 있는 경우보다 잘 보이는 효과가 있음).

(9) 시작 시간을 클릭한다.

〈그림 10〉   〈그림 11〉

(10) 방송 날짜와 요일, 시간을 설정한다.

(11) 라이브방송 예약하기를 클릭한다.

〈그림 12〉   〈그림 13〉   〈그림 14〉

(12) 라이브방송 예약 후 공유 버튼을 클릭한다.

(13) 내 프로필에 그림과 같이 라이브 예약이 표시된다.

(14) 라이브 예약 버튼을 누르면 수정, 게시물에 공유, 스토리 공유, 링
     크 공유가 가능하다.

〈그림 15〉 〈그림 16〉 〈그림 17〉

(15) 라이브 버튼을 누른다.

(16) 필터를 사용하고 싶을 때는 라이브 버튼 양 옆으로 움직여 마음에
드는 필터에 맞춘 후 누르면 방송이 시작된다.

(17) 라이브방송이 시작되면 댓글이 올라온다. 그때 입장하는 분들의 이
름을 부르며 인사를 하고, 댓글을 읽으며 진행을 하면 된다. 방송
을 마치고 싶을 땐 오른쪽 모서리에 있는 X 표시를 누른다.

> 😊 **해피유진의 Tip**
>
> 인스타 라이브방송 중에 계정이름을 읽기 힘들 때엔 댓글 단 분의 글을 읽
> 어 주면서 이름을 어떻게 읽어 드리면 될까요? 이름을 불러 드리고 싶은
> 데 어떻게 불러 드려야 할까요? 거꾸로 물어보아도 된다. 또는 라이브 댓
> 글이 많아 이름을 못 읽어 드릴 땐 올린 글에 대해 말하고 답변해 주면 된
> 다.

〈그림 18〉   〈그림 19〉

(18) '라이브방송을 종료하시겠어요?'라고 뜨면 지금 종료하기를 누른
　　다. 앞 단계에서 X를 잘못 눌러 종료를 하고 싶지 않을 경우에는 취
　　소 버튼을 누르면 된다.

(19) 인스타그램에 라이브방송 기록을 남기고 싶으면 공유 버튼을 클릭
　　하고, 동영상을 공유하고 싶지 않을 때엔 동영상 삭제 버튼을 누르
　　면 된다.

〈그림 20〉

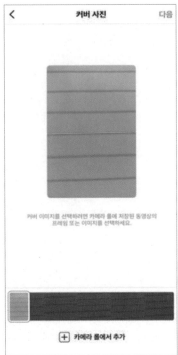
〈그림 21〉

(20) 피드에 올리기 전 캡션을 적어야 하는데, 긴 내용을 적기 보단 간단
하게 적고 공유 후 다시 수정을 하거나 메모장에 미리 적어 놓은 내
용을 붙여서 공유하면 좀 더 편리하게 공유를 할 수 있다.

(21) 커버 사진은 공유 후에 수정 가능하다. 커버 사진 클릭 후 카메라
롤에서 손가락을 눌러 움직여 마음에 드는 장면을 선택한다. 마음
에 드는 장면이 없을 경우에는 +카메라 롤에서 추가 버튼을 눌러
저장된 사진 중 선택해서 커버 사진을 설정할 수도 있다.

02

인스타 라이브 시
필터 사용법

인스타그램 사용자가 역대 최대치를 기록하고 있는 요즘, 인스타 라이브는 퍼스널 브랜딩하기에도 제품 홍보를 위해서도 너무 좋은 방법 중 하나이다. 라이브를 통해 직접 소통하며, 진정성 있는 방식으로 사람들에게 쉽게 다가갈 수 있다. 또한 무엇보다도 사람들에게 실시간으로 댓글과 질문을 받을 수 있다. 그것을 통해 팬층이 그리고 소비자가 무엇을 바라고 요구하는지도 알 수 있다.

집 안에서나 밖에서 라이브방송 시 조명이 적절하지 않을 경우나 방송에 재미 또는 변화를 주고 싶은 경우 인스타 자체 필터를 사용해 보자. 인스타 자체 필터에는 눈, 코, 피부톤 보정 등을 통해 좀 더 예쁘게 화면에 나오는 것부터 AR를 이용해 재미나게, 독특하게 연출되는 필터까지 다양하게 있다. 자 그럼, 인스타 라이브방송에서 활용할 수 있는 필터 사용법을 알아보자.

〈그림 22〉　　　　　　〈그림 23〉　　　　　　〈그림 24〉

(22) 인스타그램 프로필에서 그림과 같이 +버튼을 클릭한다.

(23) 만들기에서 스토리를 선택 후 누른다.

(24) 그림과 같이 카메라 모양을 클릭한다.

〈그림 25〉   〈그림 26〉

(25) 필터를 손가락으로 오른쪽에서 왼쪽으로 움직여서 돋보기 모양이
    나올 때까지 이동한다.

(26) 돋보기 모양을 클릭한다.

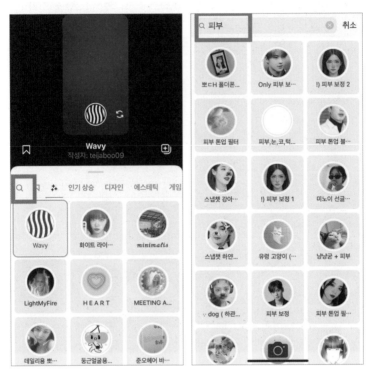

〈그림 27〉　　　　　　　　〈그림 28〉

(27) 그림처럼 돋보기 모양을 누른다.

(28) 피부, skin, natural 같은 단어를 쳐서 나오는 필터 중 맘에 드는 필
터를 클릭한다.

〈그림 29〉

〈그림 30〉

(29) 마음에 드는 필터를 클릭해 내 얼굴에 사용해 본 후 마음에 들면
〈그림 29〉처럼 리본 모양을 클릭해 저장을 한다. 그다음 사진 밖에
검은 부분을 클릭하면 큰 화면으로 볼 수 있다.

(30) 필터를 저장하면 〈그림 30〉처럼 필터가 스토리에 저장되어 있음을
확인할 수 있다.

〈그림 31〉   〈그림 32〉   〈그림 33〉

(31) 라이이브방송에서 필터를 사용하려면 프로필에서 +를 누른다

(32) 라이브방송을 누른다.

(33) 원하는 필터를 선택 후 클릭하면 인스타 라이브방송 시 필터를 사용
해 보정된 모습으로 방송을 할 수 있다.

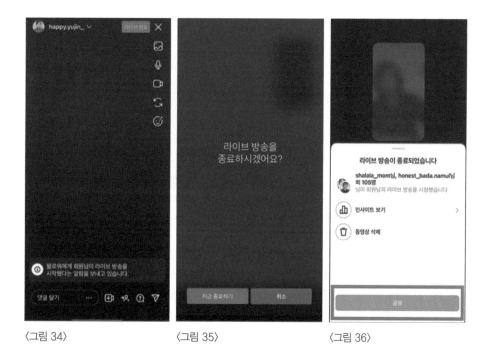

〈그림 34〉　　　　　　　　〈그림 35〉　　　　　　　　〈그림 36〉

(34) 라이브가 시작되면 〈그림 34〉처럼 화면이 뜬다.

(35) 방송을 끝내고 싶으면 〈그림 34〉 오른쪽 위에 X를 누르면 〈그림 35〉 화면이 뜬다.

(36) 〈그림 36〉에서 인스타 피드에 남기고 싶으면 공유, 남기기 싫으면 동영상 삭제를 누르면 된다.

〈그림 37〉   〈그림 38〉

(37) 라이브 방송 시 못 들어오신 분들 중 다시보기를 통해서도 제품을
　　 주문하시는 경우가 있다.제품 관련 정보를 메모장에 미리 적어 놓
　　 은 후 붙여도 좋다. 첫 줄이 아주 중요하니 미리 생각 후 적는 것도
　　 좋다. 내용 수정도 가능하니 혹시 잘 생각이 나지 않을 때는 먼저
　　 올리고 수정해도 된다.

(38) 커버 사진은 아주 중요하니 방송 중 한 장면을 스크롤바를 움직여
　　 찾거나 아니면 카메라롤에서 추가를 눌러 저장된 사진 중 하나를
　　 불러 와도 좋다.

03

4명도 방송이 가능한
인스타 라이브방송

(39) 인스타 라이브방송은 1인 방송 외에 4원 라방(4인 참여), 3원, 2원 라방이 가능하다. 라이브방송 시 구매 후기나 제품에 대해 잘 아시는 분, 생산자 분들을 초대하면 좀더 재밌고, 생동감 있게 라이브방송을 할 수 있다. 4원 라방을 통해서 해피유진 첫 단추 라이브커머스 입문으로 방송을 시작해 방송이 힘든 분들을 위해 해 보았을 때, 아주 효과가 좋았다. 4원, 2원, 1인 라방 순으로 연습해 보길 추천한다.

(40) 〈그림 40〉처럼 생산자를 초대해서 추석맞이 선물 세트를 인스타 라이브방송으로 판매를 했는데, 그 당시 판매가 잘 되었다. 나 역시 시작을 인스타 라이브방송으로 라이브커머스를 시작했기에 여러분에게도 추천하고 싶다. 인스타 안에서 소통을 잘 하면 인스타 라이브만으로도 판매가 잘 이뤄진다.

〈그림 39〉 4원 라방   〈그림 40〉 2원 라방

1) 2원, 3원, 4원 라방하는 방법

◆ 라이브방송을 진행하는 분이 인스타 친구를 초대할 때

(1) 댓글달기 바로 옆 사람 모양 클릭
(2) 댓글을 꾹 누른 후 초대하기

〈그림 41〉

◆ 게스트로서 라방에 들어가고 싶을 때

(1) 라방에 입장하자마자 참여요청이 뜰 때 클릭 〈그림42〉
(2) 댓글 달기 바로 옆+클릭 〈그림 43〉, 비디오 모양 클릭 〈그림 44〉
　　후 요청 보내기를 클릭한다. 〈그림 45〉

〈그림 42〉

〈그림 43〉

〈그림 44〉

〈그림 45〉

04

인스타 라이브방송만으로도
이런 일이 있다니

인스타 라이브방송으로 4천만 원 넘게 판매를 한 금빵씨스타

단 3일 동안 공구로 진행, 한 번의 인스타 라이브방송으로 라이브커머스를 진행한 결과, 네이버스마트스토어로 155건, 그중 순금 쌍가락지가 40건, 나머지는 실버 쌍가락지로 판매했다. 나도 소식을 듣고 참 기뻤다. 꾸준히 노력하고, 준비하며 고객의 니즈를 잘 파악하여 인스타의 강점인 소통으로 인해 신뢰라는 관계가 잘 쌓여서 고가인 금, 은제품이 판매될 수 있었던 것 같다. 인스타 라이브로 보고 오프라인 매장까지 오시는 분들도 많다고 한다. 인스타 라이브를 통해 브랜드 홍보도 할 수 있고, 판매도 가능한데 인스타그램 계정을 만들지 않을 이유가 있겠는가? 지금 당장이라도 만들어 보길 바란다.

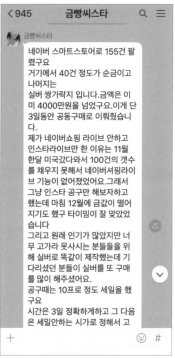

〈그림 46〉 금빵씨스타 라이브방송   〈그림 47〉 카톡으로 전해준 소식

BTS 기획사가 인스타 보고 왔다고…

"저희집 콤부차와 호두정과를 서울 공연 3일 내내 구입해 갔어요."

송리단길에서 카페를 운영하고 있는 카페다반 대표님! 인스타 피드와 라이브방송을 보고 콤부차 마시러 오는 손님 분들부터, 라이브방송 그다음 날 카페 창업에 관심이 있다고 멀리 지방에서 온 분도 있었다고 한다. 어느 날 너무 기쁜 일이 생겼다며 전화연락을 했다. 3일 동안 콤부차를 구입해 간 분이 있었는데, 마지막 날 명함을 주었다. 보라색 명함! 바로 BTS 공연 기획사에 있는 한 분이었다. BTS가 서울에서 공연하는 3일

동안 구입을 해 갔다고 한다. 최근에는 인스타 라이브를 보고 한 온라인 교육업체에서 연락이 와 온라인 강의도 하게 되었다고 한다. 와우 정말 멋진 일이 아닌가? 인스타그램만으로도 이렇게 판매와 홍보가 가능한 시대가 왔다. 반드시 인스타그램으로 나도 알리고 내 브랜드도 알려 보길 바란다.

인스타그램은 관심 기반 SNS이므로 팔로워를 하며 라이브나 피드로 소식을 알 수 있다. 또한 댓글로 소통하며 친근감, 신뢰를 쌓을 수 있기에 찐팬도 만들어 갈 수 있다. 홍보와 판매를 위해서는 인스타그램을 적극 사용해 보길 바란다. 인스타 라이브방송은 라이브송출 수수료가 무료이다. 얼마나 좋은가? 조금만 용기를 내서 꼭 시작해 보자.

〈그림 48〉 인스타 라이브하는 모습 　〈그림 49〉 온라인 교육 녹화 장면

05

아이폰, 아이패드만의
좋은 기능 활용법(IOS)

　아이폰이나 아이패드를 사용해서 인스타 라이브를 할 경우 굉장히 좋은 기능이 있다. 바로 인스타 라이브방송 시 사진과 동영상을 내 사진첩에서 불러올 수 있기 때문이다. 〈그림 50〉에서 빨간 네모를 클릭해서 갤러리에 보관되어 있는 사진이나 동영상을 불러와 〈그림 51〉처럼 방송 중에 가격이나 제품 구성을 알려주기에 좋고 제품을 만들고 있는 공장의 모습 등 방송 중 동영상도 보여줄 수 있다. 인스타 라이브방송 중에 라이브커머스를 하기에 참 좋은 기능이 있으니 아이폰이나 아이패드를 가지고 있는 분들은 적극 활용해 보길 추천한다.

〈그림 50〉 인스타 라이브방송 중
사진, 영상 불러오기

〈그림 51〉 라이브방송 중 사진 띄우기

PART 4

본격적으로
네이버쇼핑
라이브 시작하기

01
네이버쇼핑 라이브에
필요한 앱 소개

네이버쇼핑 라이브방송을 하기 위한 앱은 〈그림 2〉처럼 3개이다. 엄밀히 말하면 네이버 자체 라이브방송은 네이버쇼핑 라이브 앱과 네이버 스마트스토어센터 앱이다. 그중 네이버쇼핑 라이브 앱 사용을 추천한다. 어느 정도 숙달하게 되면 프리즘 앱을 다운받은 후 프리즘 앱에서 네이버쇼핑 라이브를 불러와 좀 더 다양한 방송 효과를 이용해 라이브방송을 해보자.

〈그림 1〉 네쇼라 방송 순서

네이버 쇼핑라이브 앱	네이버 스마트스토어센터	프리즘 앱
ios 12, Android 9 이상 버전에서 사용 가능	**ios 12, Android 9 이상 버전에서 사용 가능**	**iOS 12, Android 6 이상**
고화질 라이브 송출을 위해 최신 폰 (아이폰 X, 갤럭시 S9 이상)에서 라이브 권장	(앱 사용은 Android 7 이상 가능하나, 라이브 기능은 Android 9 이상)	고화질 라이브 송출을 위해 최신폰에서 라이브를 권장 (아이폰 X, 갤럭시 S9 이상)
노출 국가:19개국	**노출 국가:11개국**	**노출 국가:11개국**
한국, 미국, 영국, 프랑스, 중국, 홍콩, 대만, 독일, 이탈리아, 호주, 일본, 베트남, 스페인, 뉴질랜드, 캐나다, 태국, 네덜란드, 터키, 스위스	한국, 미국, 영국, 프랑스, 독일, 중국, 홍콩, 대만, 이탈리아, 호주, 일본	한국, 미국, 영국, 프랑스, 독일, 중국, 홍콩, 대만, 이탈리아, 호주, 일본

〈그림 2〉 출처 : 네이버 비즈니스스쿨

1 │ 스마트스토어 앱으로 예약하기

(1) 스마트스토어 앱에서 〈그림 4〉처럼 ≡ (삼선) 클릭한다.

(2) 〈그림 5〉에서 라이브 시작하기를 누른다.

(3) 유의사항 안내를 읽어 본 후 확인을 클릭한다.〈그림 6〉

(4) '연동되었습니다'에서 확인을 클릭한다.〈그림 7〉

(5) 카메라, 마이크, 사진의 접근에 확인, 허용을 누른다. 그러면 〈그림 8〉 처럼 화면이 나온다.

(6) 그다음 내용은 네이버쇼핑 라이브 앱과 같기에 쇼핑 라이브 앱에서 이어 설명하겠다.

〈그림 3〉 변경 전 스마트스토어 앱
에서 라이브 시작하기 버튼 위치

〈그림 4〉 변경된 스마트스토어 앱
에서 라이브 시작하기

〈그림 5〉 변경된 라이브 시작하기
버튼 위치

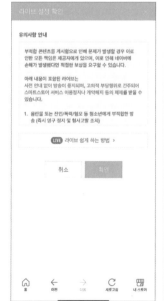

〈그림 6〉 유의사항 안내

〈그림 7〉 연동 확인

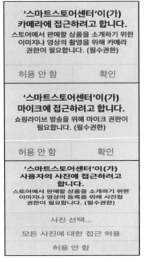

〈그림 8〉 카메라, 마이크, 사진 접근 확인　　〈그림 9〉 라이브 방송 매뉴얼 설명

2 | 쇼핑 라이브 앱으로 예약하기

(1) 스마트스토어센터 로그인으로 클릭한다.〈그림 10〉

(2) 네이버 커머스 ID로 인증 클릭한다.〈그림 11〉

(3) 네이버 아이디로 로그인 클릭한다.〈그림 12〉

(4) 아이디, 비밀번호를 입력한다.〈그림 13〉

(5) 스토어 선택 후 확인을 누른다.〈그림 14〉

(6) 라이브 클릭을 누른다.〈그림 15〉

(7) '라이브 시작 전, 꼭 확인해 주세요'를 읽어 본 후 확인을 클릭한다.
　　〈그림 16〉

〈그림 10〉 스마트스토어
로그인

〈그림 11〉 네이버 커머스 ID로
인증

〈그림 12〉 네이버 아이디로
로그인

〈그림 13〉 아이디, 비밀번호 입력

〈그림 14〉 스토어 선택 후 확인

〈그림 15〉 라이브 클릭

(8) 라이브를 클릭하고 들어가면 〈그림 17〉처럼 기본 세팅이 된다. 쇼핑몰 이름에 쇼핑 라이브가 붙는데, '거상홈쇼핑의 쇼핑 라이브'를 그대로 사용하기보단 그날 판매할 제품을 제목으로 반드시 변경해서 사용한다. 유튜브로 친다면 썸네일과 같은 역할이다. 클릭하고 싶은 매력적인 문구를 적어보자.

(9) 터치 후 타이틀을 입력하자. 시각적으로 잘 보이게 하기 위해 이모티

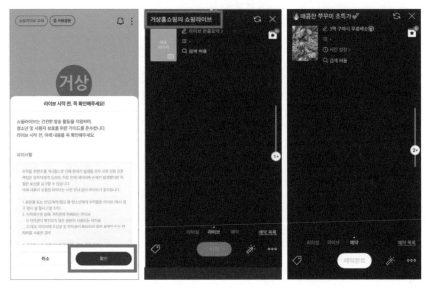

〈그림 16〉 라이브 시작 전, 　〈그림 17〉 쇼핑 라이브 기본 세팅 〈그림 18〉 타이틀 입력
꼭 확인 　화면

콘 사용과 함께 판매할 제품을 입력한다. 〈그림 18〉

(10) 라이브 한 줄 요약란엔 이벤트나 라이브 혜택을 적는다.

(예) 전 품목 무료배송, 선물증정, 1+1 등…

(11) 시간설정 클릭 후 날짜, 오전 오후 시간을 선택한다. 오전, 오후를 제대로 확인을 안 하는 경우 실수가 나올 수 있으니 방송 시간 설정

〈그림 19〉 시간설정 　　〈그림 20〉 시간설정 　　〈그림 21〉 시간설정 확인

〈그림 22〉 라이브에 소개할 상품 　〈그림 23〉 라이브에 소개할 상품 　〈그림 24〉 라이브에 소개할 상품
등록 　　　　　　　　　　　등록 　　　　　　　　　　　추가

시 한 번 더 오전, 오후를 체크하자.

(12) 〈그림 22〉에서 상품 태그 모양을 클릭한다.

(13) 라이브에 소개할 상품 +추가를 누른다. 〈그림 23〉

(14) 스토어 상품을 검색한다. 이전에 검색을 한 번이라도 했을 경우는 제품 옆에 있는 O를 클릭한 후 추가 버튼을 누른다. 〈그림 24〉

(15) 스토어 내 상품명을 검색한다. 제품명 오른쪽에 있는 동그라미를 클릭한다. 한 번이라도 제품명을 검색한 경우에는 자동으로 제품이 떠 있어서 바로 선택하면 된다. 소개할 제품은 최대 30개가 가능하다. 소개할 제품이 2개 이상일 경우는 〈그림 26〉처럼 고정 핀을 눌러 줘서 방송 중 화면이 돌아가며 판매제품이 보일 수 있도록 하면 좋다. 핀 고정은 최대 3개까지 가능하다.

(16) LIVE특가 설정을 누른다. 할인 설정함 클릭 〉 할인율이나 할인 가격을 선택 후 작성한다. 적용기간은 라이브 시작 후 라이브종료까지 보다는 종료 후 1시간까지나 종료 후 당일 자정까지를 추천한다. 쇼핑 라이브 방송 영상은 72시간 동안 쇼핑 라이브에서 공개가 되고, 다시보기 기능이 있으므로 방송 시간에 들어오지 못했던 분들은 추가로 들어와 주문하는 경우가 있기 때문이다. 〈그림 27〉

(17) 라이브특가 설정을 저장하면 소개할 제품에 〈그림 28〉처럼 라이브 특가라고 표시가 된다. LIVE특가 화면이 뜨면 확인 후 핸드폰 빈 화면(검은색 공간) 터치를 한다.

(18) 제품을 선택하고 나면 자동으로 카테고리가 설정된다. 〈그림 29〉에서 예약완료를 클릭한다.

〈그림 25〉 라이브에 소개할 상품 등록

〈그림 26〉 라이브에 소개할 상품 등록

〈그림 27〉 라이브에 소개할 상품 추가

〈그림 28〉 라이브특가 설정

〈그림 29〉 예약완료

〈그림 30〉 라이브 예약 완료 시   〈그림 31〉 미리보기로 보이는 화면
보이는 화면

(19) URL을 복사 후 인스타그램, 블로그, 카페, 단톡방에 공유하여 미리 홍보한다.〈그림 30〉

(20) URL을 열면 〈그림 31〉처럼 보인다.

(21) 예약된 쇼핑 라이브 배너는 스마트스토어 메인 화면에서는 〈그림 32〉처럼 보이고, 스마트스토어 안에 있는 제품마다도 〈그림 33〉처럼 제품 하단에 보인다. 모바일에서만 볼 수 있었던 쇼핑 라이브를 이젠 PC에서도 볼 수 있게 변경되었다.

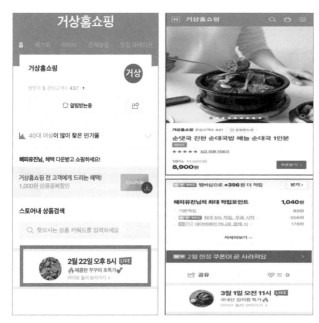

〈그림 32〉 모바일에 보이는 네쇼라 예약

〈그림 33〉 모바일에 보이는 네쇼라 예약

PC에서도 쇼핑 라이브 메뉴 탭이 생겼다. 그 안에서 지난 라이브방송과 함께 숏클립도 볼 수 있다.

〈그림 34〉 PC에서 보이는 쇼핑 라이브

〈그림 35〉 PC 화면에서 지난 쇼핑 라이브 방송과 숏클립을 볼 수 있다.

〈그림 36〉 PC 화면에서 보이는 예약된 쇼핑라이브

02

예고페이지
작성하기

1 │ 예고페이지 작성 순서

예고페이지는 라이브방송 예약 후 만들 수 있으며, 쇼핑 라이브 전 라이브방송에 관한 전반적인 내용이 담겨 있는 페이지로, 스마트스토어 앱, 네이버쇼핑 라이브 앱, PC에서 네이버쇼핑 라이브 관리툴로 들어가서도 작성이 가능하다. 라이브 알림받기, 라이브 사전 이벤트, 쿠폰받기, 라이브에서 제공되는 제품의 혜택과 상세한 내용을 볼 수 있다.

(1) 예고페이지는 쇼핑 라이브 예약 후 네이버 검색 창에서 네이버쇼핑 라이브 관리툴을 검색하거나 배너에서 네이버쇼핑으로 들어간 후 쇼핑 라이브 클릭해서 라이브보드로 들어간다.

〈그림 37〉 PC로 본 네이버 메인 화면

(2) 네이버쇼핑 라이브 홈 화면에서 오른쪽 바를 이용해 맨 밑으로 이동
한다.

〈그림 38〉 쇼핑 라이브 홈 화면

(3) N쇼핑 라이브 관리툴을 클릭한다.

〈그림 39〉 쇼핑 라이브 관리툴

(4) 스마트스토어센터 로그인을 클릭한다.

〈그림 40〉 스마트스토어센터 로그인

(5) 네이버 커머스 ID로 인증 클릭한다.

〈그림 41〉 네이버 커머스 ID로 인증

(6) 네이버 아이디로 로그인 클릭한다.

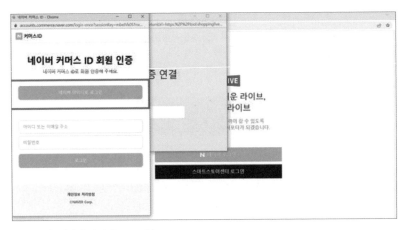

〈그림 42〉 네이버 아이디로 로그인

(7) 스토어를 선택한다.

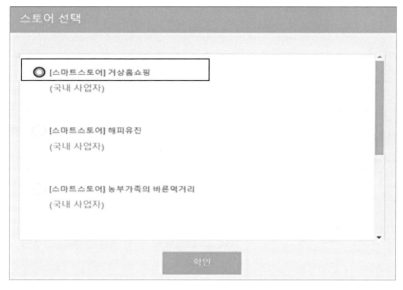

〈그림 43〉 스토어 선택

(8) 예고등록을 클릭한다.

〈그림 44〉 예고등록

(9) 라이브 ID는 자동으로 예약되어 있는 번호가 붙는다. 제목은 라이브 예약했던 제목과 동일하게 한다. 상단 이미지는 모바일, PC 사이즈에 맞게 한 후 갤러리에서 찾아 클릭한다. 사이즈를 편하게 조절할 수 있는 앱으로 〈이미지 사이즈〉 앱을 추천한다. SmartEditer one으로 작성 클릭 후 제품 소개, 이벤트와 라이브 시 혜택을 입력한다.

〈그림 45〉 이미지 사이즈 앱

〈그림 46〉 라이브 예고 페이지 등록

(10) SmartEditer one에는 라이브방송 날짜와 시간, 이벤트, 상품 주요 내용, 라이브방송 중 혜택을 입력한다. 사진 권장 사이즈는 가로 860px이고 세로는 상관없다. 입력 후엔 등록 버튼을 누른다. 이벤트 행사하는 제품은 사진과 함께 보여주는 걸 추천한다.

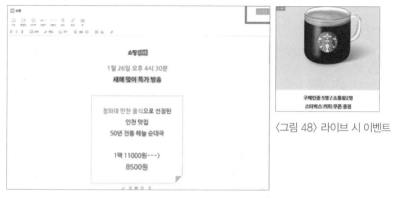

<그림 47> SmartEditer one 작성하기

<그림 48> 라이브 시 이벤트

(11) 자유버튼은 제품에 대한 상세페이지 이동이나 스토어 전체 제품을 볼 수 있는 링크를 주로 올리는데 라이브 시 판매할 제품 상세페이지 URL 입력을 추천한다. 단 스마트스토어가 아닌 외부 링크는 안 된다. 자유버튼은 예고페이지에서 <그림 49>처럼 버튼이 노출된다. 라이브방송 중 소개할 상품은 예약한 대로 올라가 있으며, 지난 라이브 다시보기는 자동전시나 수동전시 선택이 가능하다.

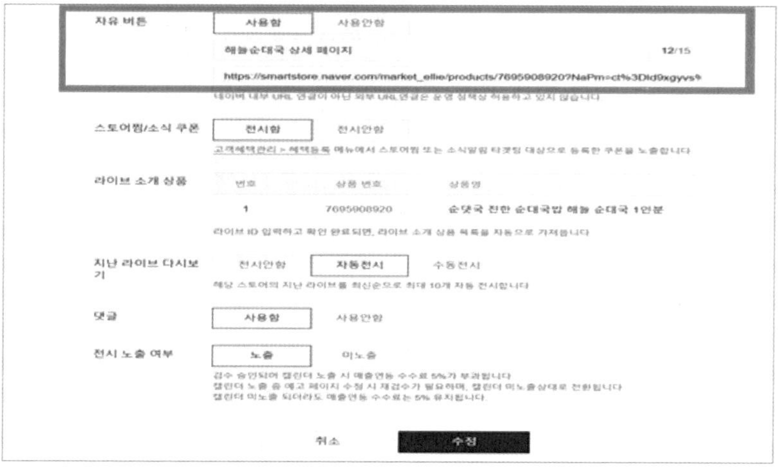

<그림 49> 라이브 예고페이지 등록

| 〈그림 50〉 모바일 화면으로 볼 때 | 〈그림 51〉 PC 화면으로 볼 때 |

(12) 예고페이지는 PC와 모바일에서 볼 수 있다.

〈그림 52〉 모바일에서만 보이는
네쇼라 예약

〈그림 53〉 모바일에서 보이는
라이브 예고페이지

예고페이지는 라이브방송 3일~5일 전, 미리 올려 홍보가 될 수 있도록 하면 좋다. 이때 알림받기를 동의했을 때, 받을 수 있는 쿠폰을 올려놓으면 라이브방송 유입을 늘릴 수 있다.

2 | 네이버쇼핑 라이브방송 전 알림받기

쇼핑 라이브 방송 전 알림받기에 동의한 고객들에게 라이브 알림이 간다. 알림받기를 한 분들은 내 제품에 관심이 있는 분들이기 때문에 라이브방송을 통해 제품을 구입할 확률이 높다. 따라서 잠재고객 확보를 위해 알림받기 고객수를 많이 늘릴 수 있도록 하자. 알림받기 고객을 늘리기 위해서 알림받기한 분들에겐 고객혜택 쿠폰을 드리자. 스마트스토어에 들어가면 관심고객수라는 표시가 있다. 스토어에 관심을 표시한 스토어찜과 알림받는 고객 모두를 말한다. (중복은 제외)

쇼핑 라이브방송 중에도 알림받기를 통해 고객을 모을 수 있다. 라이브방송 중에 핸드폰을 직접 보여주고 오른쪽 스토어 로고를 클릭한 후〉알림받기 클릭〉라이브방송 알림받기 승인 단계를 설명해 주며 바로 알림받기를 유도하는 것도 좋은 방법 중에 하나이다. 기능을 몰라서 알림받기를 못 하시는 분들도 있기 때문이다. 방송 중 알림받기를 설명해 주고 더 많은 사람들이 라이브방송 시청자와 잠재고객이 될 수 있도록 한다.

〈그림 54〉 알림받기 전

〈그림 55〉 스토어 찜

〈그림 56〉 알림받기 중으로 변환

〈그림 57〉 관심고객수

〈그림 58〉 라이브방송 중 알림받기

1) 알림받기를 할 때 받을 수 있는 쿠폰 설정하는 방법

스마트스토어센터에서 고객혜택관리 〉 혜택등록을 클릭 〉 혜택이름 〉
타켓팅 대상, 혜택정보를 다 체크 후 확인 버튼을 누른다.

〈그림 59〉 혜택 등록하기

좀 더 자세히 살펴보자

(1) 혜택이름 : 쿠폰 대상+할인금액이나 %+쿠폰종류를 적어 준다.

(2) 타겟팅 대상 : '알림받기'를 선택한다. 알림받기 동의한 고객을 위한 쿠폰 혜택을 설정한다.알림받기를 한 고객에겐 쇼핑 라이브 소식알림과 이미 동의한 고객에게 쿠폰(다운로드) 혜택을 주거나 쿠폰을 첨부하여 마케팅 메시지를 보낼 수 있다. (2022.10.19부터 스토어찜과 소식알림이 알림받기로 통합되었다)

(3) 타겟팅 목적 : 알림받기 고객 늘리기+유지하기(스토어 내 혜택노출)를 클릭한다. 아직 알림받기를 동의하지 않은 고객은 알림받기 동의 요청 문구가 보이며, 알림받기를 동의할 때 다운로드 가능한 쿠폰이 안내된다. 이미 알림받기를 동의한 고객에게 발급받지 않은 알림받기 쿠폰을 발급받을 수 있게 보이게 된다. 이미 발급된 쿠폰은 보이지 않는다. (중복발급 불가)

(4) 혜택종류 : 쿠폰을 클릭한다(쿠폰은 내 스토어에서 사용 가능하며, 포인트 지급은 모든 스토어에서 사용 가능하니, 개인적으론 쿠폰지급을 추천한다).

(5) 쿠폰종류 : 상품 중복할인 클릭을 한다. 구입하려고 하는 제품에만 적용 가능한 쿠폰으로 즉시할인과 중복할 수 있게 사용 가능하다.

(6) 모든 설정을 한 후 확인 버튼을 누른다. 아래와 같이 홈 화면, 상품 상세 화면, 알림받기 동의 화면에서 쿠폰을 확인할 수 있다.

〈그림 60〉 쿠폰은 홈 화면, 상품상세 화면, 알림받기 동의 화면에서 확인

03

라이브
홍보하기

1 │ 마케팅 메시지 보내기

(1) 네이버쇼핑 라이브 알림받기
를 한 고객에게 알림을 보낼
수 있다. 스마트스토어센터
에서 마케팅 메시지 > 마케팅
메시지 보내기를 클릭한다.

〈그림 61〉 마케팅 메시지 〈그림 62〉 마케팅 보내기

(2) 마케팅 메시지를 보낼 스토어를 선택 후 스토어 확정을 클릭한다.

〈그림 63〉 스토어 확정 클릭하기

(3) 어떤 고객에게 마케팅을 할지 선택 후 목표를 설정한다.

〈그림 64〉 목표 설정하기

(4) AI 타겟팅은 클로바 메시지 마케팅을 사용 중인 판매자만 사용할 수 있기 때문에 먼저 클로바 메시지 마케팅 사용 버튼을 선택 후 커머스솔루션 마켓에서 사용하면 좋다. AI 타겟팅을 선택하면 가장 수신 확률이 높은 고객을 대상으로 타겟팅해 주니 사용해 보길 추천한다.

잠재고객 타겟팅 사용함 체크 후 타겟팅 확정 클릭을 한다.

〈그림 65〉 타겟팅 설정

(5) 〈그림 64〉에서 선택한 대상이 사용할 수 있는 쿠폰을 준비해 본 후
혜택 확인을 한다. 이 쿠폰을 선택하려면 혜택 등록에서 미리 쿠폰
을 등록한 후 혜택 첨부를 할 수 있다.

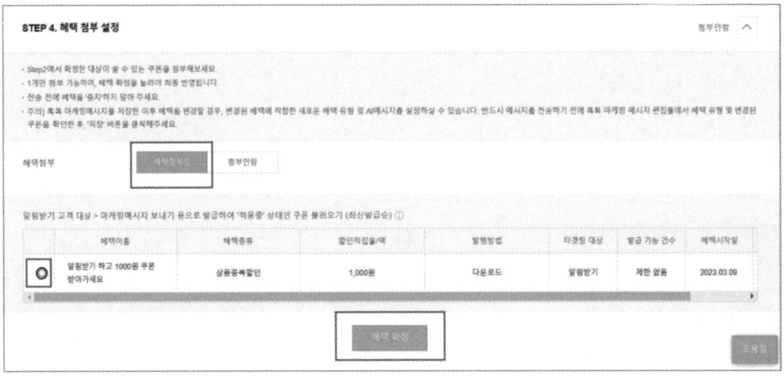

〈그림 66〉 혜택 첨부 설정

(6) 혜택 등록〉혜택 이름〉타겟팅 대상 알림받기 선택〉마케팅 메시지를 보낸다.

〈그림 67〉 혜택 등록

(7) 템플릿 유형을 선택 후 메시지 본문을 편집한다. 메시지 작성 완료 후, 톡톡편집창에 있는 '저장' 버튼을 눌러야 최종 반영된다. 전송 전에는 '테스트전송'으로 메시지를 확인해 본다.

〈그림 68〉 톡톡 마케팅 메시지 편집

(8) 템플릿 유형을 선택한다. 개인적으로는 설명형 보단 이미지가 있는 템플릿 사용을 추천한다.

〈그림 69〉 마케팅 메시지 템플릿 유형

(9) 마케팅 메시지 작성 시 메시지 카테고리를 선택〉혜택 유형을 선택
해도 되고 AI 효과적인 메시지 찾기를 해도 괜찮다.

메시지 소재를 1개 이상 선택(최대 2개) 후 AI 메시지 만들기 버튼을
누르면 메시지를 3개까지 만들어 주며 그중 선택해서 그걸 그대로 사
용해도 되고, 수정도 가능하다.

〈그림 70〉 마케팅 메시지 작성

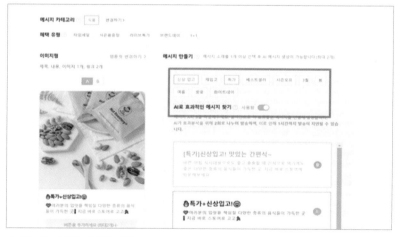

〈그림 71〉 마케팅 메시지 작성

(10) 버튼명을 입력하고 URL을 입력해 준다.

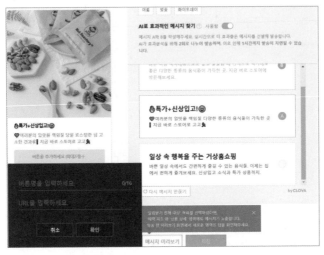

〈그림 72〉 버튼명, URL 입력하기

(11) 버튼명을 입력하고 URL을 입력하면 아래와 같이 버튼이 생긴다. 미리보기를 누르면 미리보기를 볼 수 있다.

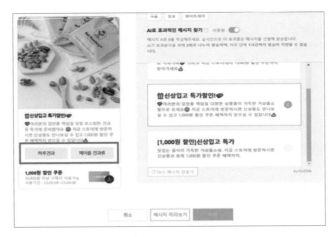

〈그림 73〉 마케팅 메시지 작성

(12) 미리보기를 확인 후 〈그림 73〉에서 저장을 누른다.

〈그림 74〉 마케팅 메시지 미리보기

2 │ 숏클립으로 내 상품 홍보부터 판매하는 방법

숏클립이란 쇼핑 라이브에 등록하는 2분 이내의 짧은 영상이다. 스마트
스토어 상품 등록한 사람은 누구나 가능하다. 쇼핑 라이브 스튜디오 앱
으로 숏클립을 등록하면 보다 쉽고 간편하게 영상에 다양한 효과를 설정
할 수 있다. 기존에 있던 네이버쇼핑 라이브의 하이라이트 기능이 라이

브방송에서 포인트가 되는 부분을 설정해 시청할 수 있도록 했던 반면, 숏클립은 라이브방송을 하지 않아도 원하는 영상을 업로드해 다양한 방법으로 활용할 수 있다. 또한 쇼핑 라이브는 새싹부터 진행이 가능하지만, 숏클립은 이제 막 시작하는 대표님들도 내 상품을 홍보하고 판매할 수 있기에 이 방법을 추천한다. 라이브방송 권한이 있는 스토어는 라이브방송 전 홍보 수단으로 이용해 보자.

〈그림 75〉 네이버 검색에서 보이는 쇼핑 라이브 숏클립

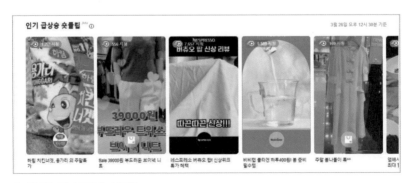

〈그림 76〉 인기 급상승 숏클립

네이버쇼핑 라이브 VS 숏클립

네이버 쇼핑 라이브	VS	숏클립
스마트스토어 '새싹 레벨 이상		스마트 스토어 사장님이면 누구나
실시간으로 진행이되어 시청자와 바로 소통 가능		미리 영상을 제작해두고 원하는 시간대에 영상 공개 가능
최소 10분~최대 2시간		10초~ 최대 2분까지 게시 가능
출연자가 제품 설명하고 실시간으로 직접 시연		브랜등의 정체성을 보여주는 다양한 컨셉형 영상 게시 가능
사람이 꼭 나와야 해요 전문 쇼호스트, 임직원 또는 사장님이 직접 출연		상품에 관련된 모든 것 제품만 출연도 가능
연동 수수료 3%		

〈그림 77〉 네이버쇼핑 라이브 vs 숏클립

😊 **해피유진의 Tip**

숏클립만 올려도 되나요?
네이버 측에 의하면 숏클립 게시 전용 용도로 채널 운영은 가능하다. 다만 라이브 노출 영역에는 숏클립이 노출되지 않기에 채널의 노출 효율이 낮을 수 있다고 한다. 따라서 네이버쇼핑 라이브를 하며 숏클립도 올려 보길 추천한다.

<참고:네이버 고객센터>

1) 모바일로 숏클립 등록하기

(1) 쇼핑 라이브 스튜디오 앱을 설치한 후, 스
    마트스토어센터 로그인을 한다.

〈그림 78〉 스마트스토어센터
로그인

(2) 네이버 커머스 ID로 인증을 클릭하고, 네이버 아이디로 로그인을 누
    른다.

〈그림 79〉 네이버 커머스 ID로 인증   〈그림 80〉 네이버 아이디로 로그인

(3) 아이디, 비밀번호를
입력하고 로그인한다.
스토어 선택 후 확인
을 클릭하면 연동이
된다.

〈그림 81〉 네이버 커머스 ID   〈그림 82〉 스토어 선택
로그인

(4) 숏클립 버튼을 클릭하
면 업로드가 가능해진
다. 유의사항을 꼭 확
인한 후 확인 버튼을
누른다.

〈그림 83〉 쇼핑 라이브 앱에서   〈그림 84〉 숏클립 등록하기
숏클립 선택   전 유의사항

(5) 숏클립 속 음악, 영상저작권, 초상권을
위반하는 내용이 포함된 경우 숏클립 노
출 및 송출권한이 제한될 수 있다.

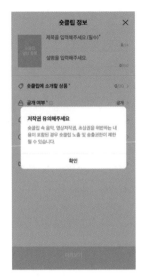

〈그림 85〉 저작권 유의

(6) 숏클립 정보 중 빨간색 점이 있는 곳은 필수 사항이므로 꼭 내용을
입력해야 한다.

① 제목을 입력하는 곳에는 최대 24글자까지 입력 가능하다. 썸네일
인 만큼 소비자가 맨 처음 보는 곳이니 브랜드명이나 홍보할 제품
을 잘 입력한다.

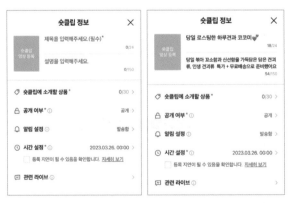

〈그림 86〉 숏클립 정보 입력   〈그림 87〉 숏클립 정보 입력

② 설명 입력은 최대 150글자까지 가능하고 제품의 특, 장점을 잘 적도록 한다.

③ 갤러리에서 준비된 영상을 등록할 때 세로 영상이어야 하고 최대 5초 이상, 2분 미만 길이 + 최대 17GB 용량의 영상만 업로드 가능하다. 기준에 맞지 않는 경우 블러 처리된다.

④ 영상 편집은 영상 효과, 편집에 필요한 필터, 속도, 음악, 음량, 서명으로 5개의 기능을 제공한다.

〈그림 88〉 영상편집

〈그림 89〉 영상편집

〈그림 90〉 필터

〈그림 91〉 필터 적용

⑤ 필터는 인물, 음식, 패션, 라이프, 테크 등 영상에 어울리는 22가지 톤이 있으며 〈그림 91〉처럼 그래프바를 움직여 채도, 명도 조절한 후 √을 누른다.

〈그림 92〉 필터 종류 : 인물, 음식

〈그림 93〉 필터 종류 : 패션, 라이프

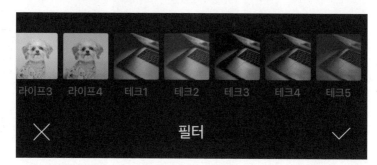

〈그림 94〉 필터 종류 : 테크

⑥ 속도기능에서는 영상의 빠르기를 조정할 수 있고 재생 시간도 표시된다. 원하는 빠르기를 조정 후 √를 누른다.

〈그림 95〉 속도조절

⑦ 음악을 넣고 싶을 경우 음악 클릭 후 음악추가 누르고, 5가지 음악 장르 중 배경음악을 선택하면 된다.

〈그림 96〉 음악추가

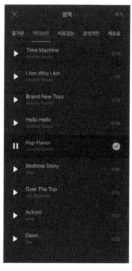

〈그림 97〉 음악선택

⑧ 플레이 버튼을 눌러 미리 들어 볼 수 있고, 연필 모양을 클릭해서 음악을 변경할 수 있다. 지금 음원을 삭제하고 싶을 때는 휴지통 모양을 누르면 된다. 배경음악을 정하면 √를 클릭한다. 음량을 클릭하면 업로드한 영상의 음악 소리와 선택한 배경음악을 조절할 수 있다. 음량을 정한 후 √를 클릭한다.

〈그림 98〉 음악확인

〈그림 99〉 음악편집

⑨ 서명이란 등록영상에 워터마크 형식의 이미지를 넣을 수 있는 기능이다. 사진첩에서 이미지를 골라 선택해서 원하는 위치에 놓고 √를 클릭한 후 완료를 누른다.

〈그림 101〉 사진선택

〈그림 100〉 이미지 추가

〈그림 102〉 서명 적용

〈그림 103〉 완료

⑩ 숏클립에 소개할 상품은 한 숏클립에 최대 30개까지 가능하고, 1일 최대 100개까지 가능하다. 스마트스토어 상품 탭에서 선택하거나 최근 라이브한 상품에서 등록할 수 있다. 〈그림 105〉와 같이 체크 후 추가를 클릭한다. 대표 상품 하나를 골라 클릭한 후 확인 버튼을 누른다. 공개 여부 설정에서는 숏클립 공개 여부를 설정할 수 있다. 공개를 원하면 공개를 선택하면 된다. 홍보 목적이니 알림 설정을 누르고 발송함으로 선택한다. 알림은 숏클립 노출시간 3분 후 고객들에게 알림을 전송할 수 있다. 숏클립 알림은 채널당 1일 1회로 제한된다.

〈그림 104〉 숏클립 소개할 상품 입력　　〈그림 105〉 스토어 상품 추가　　〈그림 106〉 대표 상품 선택

⑪ 시간설정은 날짜와
시간을 선택한 후 확
인 버튼을 누른다.
자세히 보기를 통해
읽은 후 등록지연이
될 수 있음을 확인한
다. √를 한다.

〈그림 107〉 시간설정   〈그림 108〉 시간설정

⑫ 관련 라이브를 클릭 후 선택을 누른다. 노출 전 미리보기를 통해
최종 점검해 본 후 수정할 내용이 없으면 등록하기를 누른다.

〈그림 109〉 관련 라이브 선택   〈그림 110〉 숏클립 등록 전   〈그림 111〉 등록하기
미리보기

⑬ 등록하기를 누른 후에 숏클립 전체 목록에 들어가 보면 대기 중으로 뜨는 것을 확인할 수 있다.

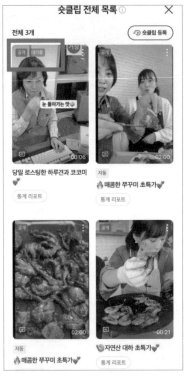

〈그림 112〉 숏클립 대기 중

2) PC로 숏클립 등록하기

(1) PC로 숏클립을 등록하려면 쇼핑 라이브 관리툴에서 로그인 후 〈그림 113〉에서처럼 숏클립 관리를 클릭한다.

〈그림 113〉 쇼핑 라이브 관리툴에서 숏클립 등록

(2) 숏클립 등록을 클릭한다.

〈그림 114〉 PC에서 숏클립 등록

(3) PC에서 숏클립 등록도 모바일 등록과 동일하다. 빨간 점이 있는 숏클립 타이틀, 숏클립 영상 등록 노출 일/시 설정, 숏클립에 소개할 상품(최대 등록 가능한 상품수 30), 알림 발송 여부, 공개 여부는 꼭 기재를 해야 한다. 알림은 노출시간+3분 후 발송된다. 단, 숏클립 알림 발송은 채널당 1일 1회로 제한된다.

〈그림 115〉 PC에서 숏클립 등록

3) 숏클립 테마 기획전 도전하기

숏클립 테마 기획전에 선정이 되면 네이버쇼핑 라이브 홈에서 홍보가 된다. 매주 새로운 테마에 맞는 숏클립을 모아 판매자 분들이 제작하신 숏클립을 쇼핑 라이브 서비스 곳곳에 노출해 드리기 위해 기획된 프로그램이다. 신청 기간에 접수된 숏클립 중 기준에 부합하는 영상을 선별한 후 요일별로 편성하는 방식으로 운영된다. 스마트스토어나 윈도를 운영 중인 판매자 씨앗 등급부터 가능하고 라이브 이력이 없어도 신청 가능하니 도전해 보자.

테마 기획전에 신청하려면 몇 가지 유의사항이 있다. 첫째, 자동 생성 숏클립은 기획전에 참여 불가하고 수동 생성 숏클립으로 테마에 맞아야 한다. 둘째, 저작권에 문제없는 영상과 음원으로 제작된 숏클립이어야 한다. 셋째, 반드시 세로영상이어야 한다. 넷째, 공개상태를 유지해야 한다. 테마 기획전에 선정이 되면 숏클립 노출이 쇼핑 라이브홈〉3번째 영역, 쇼핑 라이브홈〉이벤트〉기획전, 쇼핑 라이브판〉오늘의 네쇼라 Pick!, 쇼핑 라이브홈/쇼핑 라이브판 내 배너 영역에서 숏클립 노출이 되고 편성받은 날 24시간 동안 홍보가 된다.

〈그림 116〉 쇼핑 라이브홈에서 홍보

〈그림 117〉 이벤트에서 노출

〈그림 118〉 이벤트에서 홍보

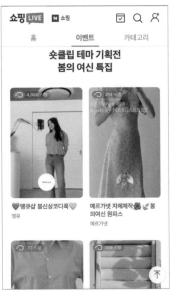

〈그림 119〉 홍보되는 숏클립

<그림 120>
네이버쇼핑 공식 블로그 신청

☆4월 3주차 <봄 나들이 특집> 신청 접수 안내

- 신청 기간 : 4월 04일(화)~4월 07일(금)
- 신청 방법 : 네이버 폼을 통해 접수 (제안 및 접수하기)
- 선정 발표 : 4월 12일(수) 스마트스토어/윈도 공식 블로그를 통해 발표 (개별 메일 공지 X)
- 선정 인원 : 하루 30건 *7일 = 최대 210개의 숏클립 선정
- 노출 기간 : 4월 17일(월)~4월 23일(일)
 ㄴ 노출 기간 중 편성 받은 하루 (24시간) 동안 노출됩니다.
 ㄴ 신청하신 날짜와 다른 날 편성 받을 수도 있습니다.
 (eg.수요일 노출 신청했으나 토요일에 노출되는 케이스 가능)

📍노출 영역 :
 ㄴ 쇼핑라이브 홈 > 3번째 영역
 ㄴ 쇼핑라이브 > 이벤트 > 기획전
 ㄴ 쇼핑라이브판 > 오늘의 네쇼라 Pick!
 ㄴ 쇼핑라이브 홈/쇼핑라이브 판 내 배너 영역 (이벤트 기획전으로 이동)

당장 떠나고 싶게 만드는 캠핑/피크닉/여행용품
카테고리 숏클립이 있다면 주저하지 마시고 신청해주세요!

숏클립 테마기획전 신청서
4월 3주차 < 봄 나들이 > 특집 ! 대상 · 대상 · 스
naver.me

BAAM-!

<그림 121>
숏클립 테마 기획전 신청서

숏클립 테마기획전 신청서

4월 2주차 : < 밥도둑 > 특집
1. 대상
- 대상 : 스마트스토어 또는 윈도를 운영 중인 판매자 (씨앗 등급부터 가능, 라이브 이력 없어도 됨)

2. 선정 기준
- 테마에 어울리는 숏클립
- 수동 생성 숏클립 (자동 생성 숏클립은 참여 불가)
- 영상,음원 등 저작권 침해하지 않는 숏클립
- 영상 내 화면,음향 등 기술적인 문제가 없는 숏클립 (가로 영상 참여 불가)
- 심의가 필요없는 숏클립 (건강기능식품, 의료기기 등 심의대상은 참여 불가)

3. 테마 별 선정 인원
- 하루에 30건 * 7일 = 최대 210개의 숏클립 선정

4. 노출 지원 영역
- 쇼핑라이브 홈 > 3번째 영역
- 쇼핑라이브홈 > 이벤트 > 기획전
- 쇼핑라이브판 > 오늘의 네쇼라 Pick!
- 쇼핑라이브 홈&쇼핑라이브 판 내 배너 영역 (이벤트 기획전으로 이동)

5. 4월 2주차 신청 테마
- 밥 도둑 특집 (봄 식욕을 자극하는 푸드 카테고리 숏클립)

6. 신청 기간
- 3월 28일(화)~3월 31일(금)

7. 선정자 발표
- 4월 05일(수)
스마트스토어&윈도 공식 블로그를 통해 발표합니다.

문의사항은 dl_shorttheme@navercorp.com로 보내주세요.

응답 기간 : 2023.03.28(화) - 2023.03.31(금)

숏클립을 만들고 싶은데, 영상편집이 어려우신 분들은 VITA를 이용하면 된다. 모바일에서 VITA를 다운받은 후 템플릿 클릭〉Shopping에서 마음에 드는 것을 골라 제작해 보자. VITA는 무료 앱이고 네쇼라 예고편, 제품 홍보로 다양하게 사용되니 모바일에서 다운받은 후 꼭 한 번 만들어 보길 바란다. 그리고 만든 영상을 인스타에 릴스로 올릴 수 있으니 잘 활용해 보자.

〈그림 122〉 VITA앱

〈그림 123〉 템플릿 화면

〈그림 124〉 Shopping 화면

마음에 드는 템플릿 하나를 선택하면 사용하기라는 버튼 클릭 〉 숫자를 클릭 후 갤러리에서 영상을 선택하면 된다.

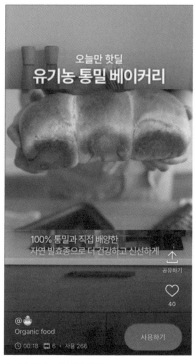

〈그림 125〉 템플릿 선택

〈그림 126〉 템플릿을 이용하여 만들기

04
방송 전
리허설하기

1 | 리허설 순서

〈그림 127〉 라이브 예약 목록　〈그림 128〉 유의사항

(1) 라이브 예약 목록을 클릭한다.

(2) '라이브 시작 전, 꼭 확인해 주세요!' 읽은 후 확인 버튼을 누른다.

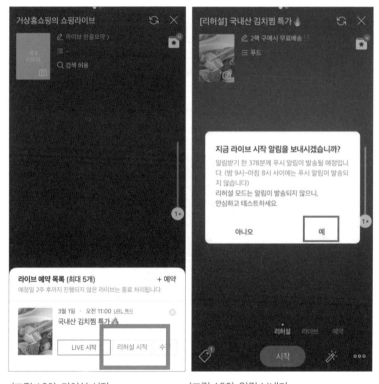

〈그림 129〉 리허설 시작   〈그림 130〉 알림 보내기

(3) 마이크 상태, 방송 중 제품이 어떻게 보이는지, 내 모습과 제품의 배치 등을 방송 전 미리 체크해 보기 위해선 반드시 리허설을 해야 한다. 〈그림 129〉의 리허설 시작 버튼을 클릭한다.

(4) 리허설 모드에서 진행과정은 라이브와 동일하나, 알림발송은 되지 않으니 놀라지 마시고, 예를 누르면 된다.

〈그림 131〉 배경음악 확인 　　　　　〈그림 132〉 리허설 카운트다운

(5) 배경음악 사용은 비신탁 음원 또는 프리즘에서 제공되는 음악 외에
　　는 사용하지 않아야 한다.

　　확인 후 확인 버튼을 누른다.

(6) 시작 버튼을 누르면 〈그림 132〉처럼 3부터 카운팅이 된다. 리허설
　　로 보이는 화면은 실제 라이브 화면과 동일하다.

(7) 〈그림 133〉에 화면 오른쪽 하단의 ⋯을 누른다

(8) 마이크 음량을 체크 후 클릭한다. 마이크를 꽂지 않고 핸드폰만 사용하더라도 마이크 사용으로 표시된다.

(9) 마이크 음량체크 버튼을 누르면 〈그림 135〉처럼 목소리에 반응하며, 빨간 바가 소리에 반응해서 움직이면 마이크 상태가 정상으로 작동한다는 의미이다.

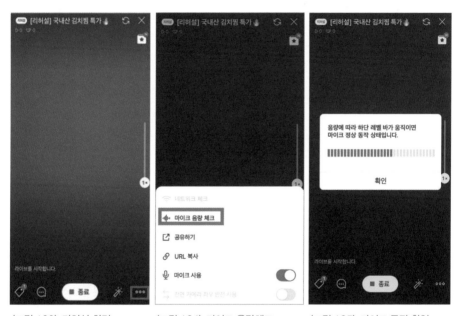

〈그림 133〉 리허설 화면   〈그림 134〉 마이크 음량체크   〈그림 135〉 마이크 동작 확인

<그림 136> 전면 카메라 좌우 반전 사용   <그림 137> 전면 카메라 좌우 반전 사용 안 함

(10) 셀카 방향으로 보고 방송을 하는 경우 실수를 많이 하는 것 중 하나가 글씨가 있는 제품을 보여줄 때이다. 반드시 전면 카메라 좌우 반전 사용을 왼쪽으로 옮겨야 한다. 안 그러면 <그림 136>처럼 보이게 된다.

(11) 전면 카메라 좌우 반전 사용을 왼쪽으로 옮겨 빨간색이 <그림 137>처럼 비활성화로 옮겨 놓으면 글씨가 바르게 보인다.

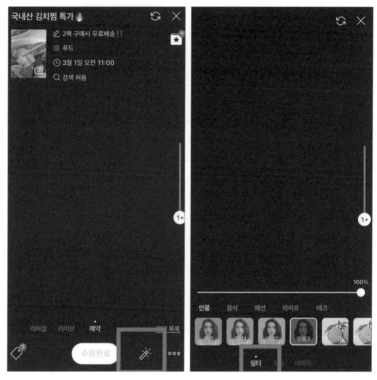

〈그림 138〉 이펙트 클릭   〈그림 139〉 필터

(12) 〈그림 138〉처럼 마술봉 모양을 클릭하면 필터, 조정, 이펙트 화면
    으로 이동이 된다.

(13) 〈그림 139〉에 필터를 클릭하면 인물, 음식, 패션, 라이프, 테크가
    보인다. 하나하나 클릭해 보면서 방송할 제품이 좀 더 보기 좋게 보
    이는 필터를 선택하면 된다. 필터의 강도는 위에 있는 스크롤바를
    움직이며 조절한다.

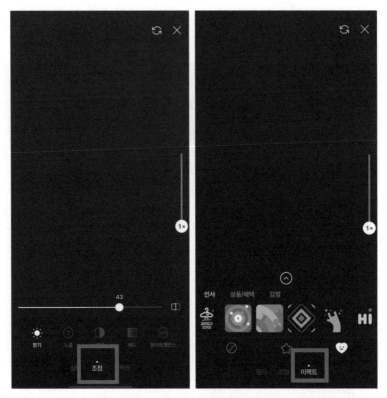

〈그림 140〉 전면 카메라 좌우 반전 사용　　　〈그림 141〉 전면 카메라 좌우 반전 사용 안 함

(14) 〈그림 140〉에 있는 조정은 밝기, 노출, 대비, 채도, 화이트밸런스
　　에 변화를 줄 수 있다.

(15) 〈그림 141〉처럼 이펙트로 방송에 좀 더 시각적인 재미를 더 할 수
　　있다. 인사, 상품, 혜택, 감정을 애니메이션 효과로 방송 중 표현
　　할 수 있다.

〈그림 142〉 이펙트 적용　　　　　　〈그림 143〉 이펙트 즐겨찾기로 저장

〈그림 144〉 저장된 이펙트

(16) 즐겨찾기하는 방법은 〈그림 142〉처럼 TA~~DA를 눌러 본 후, 〈그림 143〉에 별 모양을 눌러 즐겨찾기에 저장을 한다. 〈그림 144〉 처럼 방송 중 별 모양만 눌러 필요한 이펙트를 선택해서 사용하면 된다.

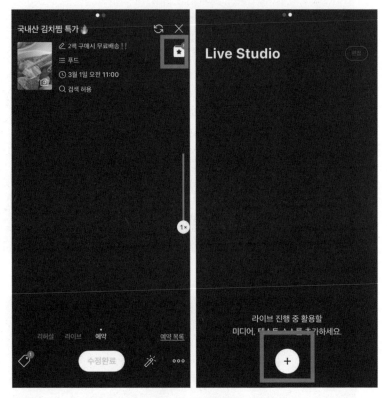

〈그림 145〉 미디어 텍스트 소스 추가   〈그림 146〉 미디어 텍스트 소스 추가

(17) 방송 중 보여줄 텍스트나 사진, 영상을 준비하려면 〈그림 145〉처럼 화면 오른쪽을 클릭하면 된다.

(18) Live Studio 화면에서 +를 클릭한다.

Live Studio

미디어　텍스트

〈그림 147〉 미디어로 사진 영상 불러오기

〈그림 148〉 미디어로 사진 영상 불러오기

(19) 미디어를 클릭하고, 갤러리에 들어가 필요한 사진이나 영상을 〈그림 148〉처럼 추가한다.

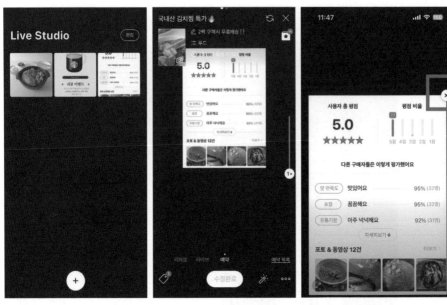

〈그림 149〉 네쇼라 방송 중 활용할 　〈그림 150〉 사진 적용　　　　〈그림 151〉 네쇼라 중 사진 전시 중지
사진, 영상 셋팅

(20) 클릭하면 〈그림 149〉처럼 사진이 저장된다. Live Studio 화면은 방송 중에는 보이지 않는다.

(21) 〈그림 149〉 화면에서 사진을 골라 클릭을 하면 〈그림 150〉처럼 화면이 이동된다. 방송 중 사용하기 좋은 사이즈로 화면 크기를 조정한다. 단, 사진을 변경할 때나 없앨 때는 X 표시를 클릭해야 하므로 X 표시가 보일 정도의 크기로 화면이나 영상의 화면을 조정한다.

〈그림 152〉리허설에서 확인　　　　　〈그림 153〉배너, 사진 위치 확인

(22) 라이브방송 중 구매후기, 구매평점, 가격, 이벤트, 제품의 우수성
　　 을 알릴 수 있는 특허나 인증서를 보여주면 좀 더 제품에 신뢰가 느
　　 껴져 구매전환율이 높아진다. 따라서 미리 사진과 영상을 준비해
　　 보자.〈그림 152, 153〉

(23) 글씨를 방송 중 띄워 사용하고 싶을 경우〈그림 154〉처럼 오른쪽
　　 맨 위 별 모양을 클릭한다. 그러면 LIVE STUDIO 화면으로 넘어
　　 간다.〈그림 155〉처럼 ⓣ를 누른 후 텍스트 선택한다.

〈그림 154〉 텍스트 불러오기

〈그림 155〉 텍스트 셋팅　　　　　〈그림 156〉 텍스트 입력

(24) T 텍스트 입력을 눌러 내용을 입력한다. 이 기능을 텍스트 오버레
이라고 하는데 송출 중인 라이브 화면에 제품명/이벤트/혜택 등의
글자를 올려 시청자 분들의 시선을 이끌 수 있는 기능이다. 텍스트
오버레이 기능은 최대 3개까지 사용 가능하다.

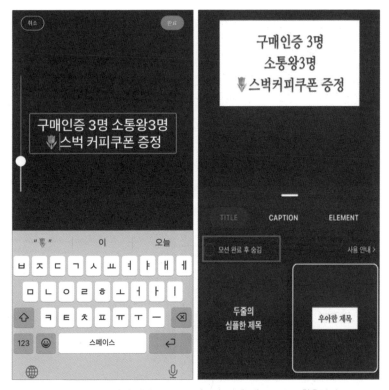

〈그림 157〉 텍스트 소스 활용하기　　〈그림 158〉 텍스트 소스 활용하기

(25) 내용을 입력할 때 글씨만 있는 것보다 이모티콘을 함께 사용하는 것
　　도 좋다.

(26) TITLE을 클릭하면 다양한 방법이 나온다. 타이틀은 좀 더 집중해
　　서 보여주기에 적합한 타입이다. 모션, 즉 움직임 있는 것도 있으
　　니 적절한 것을 골라 문구를 교체해 사용하면 된다. 한 번 보이고
　　사라지는데 계속적으로 보이길 원할 때는 〈그림 158〉처럼 모션 완
　　료 후 숨김 체크를 없애면 된다.

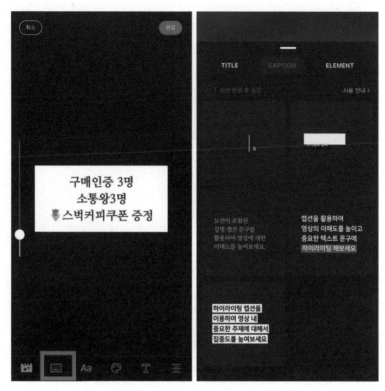

〈그림 159〉 텍스트 소스 활용하기　　　〈그림 160〉 설명하는 텍스트 소스

(27) 문구를 올린 후 변경을 하고 싶을 경우 〈그림 159〉 하단에 자판 모
　　 양을 눌러 수정하면 된다.

(28) 제품의 장점 등 설명이 필요한 장면에 사용하면 좋다. 모션이 포함
　　 되어 있으니 마음에 드는 샘플을 선택 후 내용을 변경해 사용한다.

〈그림 161〉 ELEMENT 활용하기   〈그림 162〉 ELEMENT 활용하기

(29) ELEMENT는 강조하고 싶은 내용을 입력 후 사용하면 된다. 이 또
    한 모션이 있으니 샘플을 잘 본 뒤 내용을 입력 후 사용한다.

〈그림 163〉 텍스트에 색 활용 〈그림 164〉 텍스트에 색 활용 〈그림 165〉 텍스트에 색 활용

〈그림 166〉 텍스트에 색 활용

(30) 글씨 색상을 바꾸고 싶을 경우는 〈그림 163〉처럼 파레트 모양 클릭
    후 원하는 색상으로 바꾼다.

(31) 글씨를 좀 더 강조하고 싶을 때는 〈그림 165〉처럼 T모양을 누른 후
    바탕색을 정한 후 완료 클릭을 한다.

〈그림 167〉 텍스트 준비   〈그림 168〉 텍스트 적용

(32) 〈그림 167〉에 빨간 네모를 클릭한다.

(33) 텍스트를 누른 후 라이브 화면에서 위치와 크기를 조정한다.

1 │ 쇼핑 라이브 앱으로 라이브 시작하기

(1) 라이브방송을 할 때는 〈그림 169〉에서 라이브 예약 목록을 누른 후 〈그림 170〉에서 LIVE 시작하기를 누르면 된다.

〈그림 169〉 라이브 예약 목록   〈그림 170〉 Live 시작하기

2 │ 프리즘 앱으로 시작하기

〈그림 171〉 프리즘 앱

네이버쇼핑 라이브 앱으로 예약을 한 후 좀 더 방송하기에 좋은 기능을
가진 프리즘 앱 사용법을 알아보자. 프리즘에서도 예약이 가능하지만,

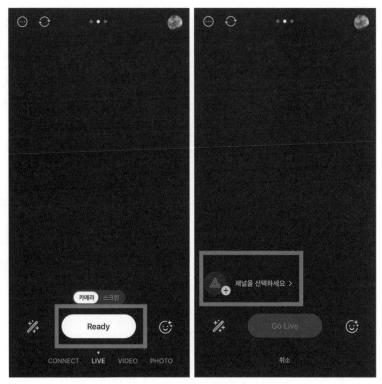

〈그림 172〉 Ready 버튼 누르기 　　　　〈그림 173〉 채널 선택

네이버쇼핑 라이브 앱에서 예약 후 불러오기를 해서 방송하는 방법이 좀
더 편하다.

(1) 프리즘 앱을 다운받은 후 클릭하면 〈그림 172〉처럼 화면이 나온다.
　　Ready를 클릭한다.
(2) 채널을 선택하기 위해 프리즘 로고를 클릭한다. 〈그림 173〉

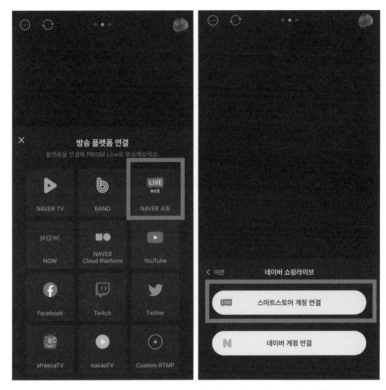

〈그림 174〉 네이버쇼핑 라이브 플랫폼 선택 〈그림 175〉 스마트스토어 계정 연결

(3) 프리즘은 다양한 플랫폼 채널과 연결하여 라이브방송하기에 좋은 기능을 가지고 있다. 그중 우리는 네이버쇼핑 라이브 플랫폼을 클릭한다.〈그림 174〉

(4) 스마트스토어 계정 연결을 클릭한다.〈그림 175〉

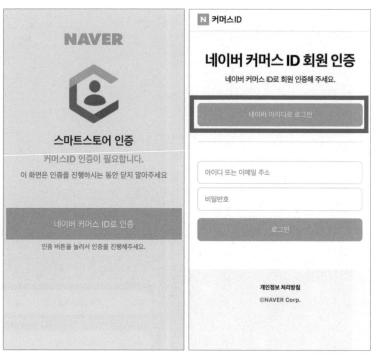

〈그림 176〉 네이버 커머스 ID 인증   〈그림 177〉 네이버 아이디로 로그인

(5) 스마트스토어 인증 클릭을
    한다.
(6) 네이버 아이디 로그인을
    클릭한다.
(7) 아이디, 비번을 입력 후
    로그인을 한다.

〈그림 178〉 아이디, 비번을 입력

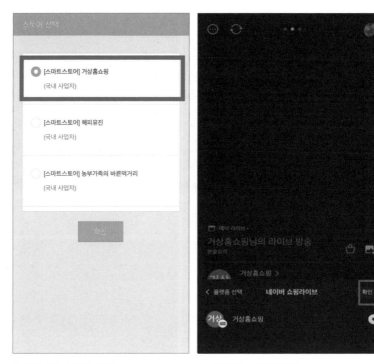

〈그림 179〉 스토어 선택　　　　〈그림 180〉 스토어 확인

(8) 스토어를 선택 후 확인을 누른다.

(9) 플랫폼 선택 〉 네이버쇼핑 라이브 확인버튼을 클릭한다.

〈그림 181〉 예약라이브 클릭   〈그림 182〉 예약라이브 선택

(10) 예약라이브를 클릭한다.

(11) 예약 목록 중 방송할 목록
    확인 후 선택한다.

(12) Go Live 버튼을 누른다.
    라이브가 3초 후 시작된다.

〈그림 183〉 라이브 시작

1) 프리즘 앱으로 리허설하기

〈그림 184〉 리허설

〈그림 185〉 라이브연결

〈그림 186〉 3, 2, 1 카운트

(1) 방송 전 리허설을 하려면 〈그림 184〉처럼 Rehearsal(리허설) 버튼을 누른다.

(2) 〈그림 185〉 실제 라이브처럼 라이브가 진행된다.

(3) 3, 2, 1 카운팅한 후 라이브가 시작된다.

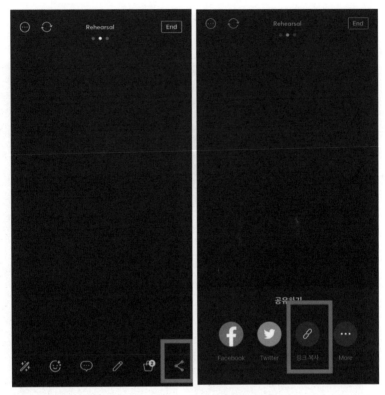

〈그림 187〉 링크   〈그림 188〉 링크 복사

(4) 〈그림 187〉 링크를 클릭한다.

(5) 링크 복사 버튼을 누른다. 복사된 링크를 카톡으로 보낸 후 방송용이
    아닌 다른 핸드폰이나 노트북에서 실행해 보면 화면과 소리 상태가
    어떤지 확인할 수 있다.

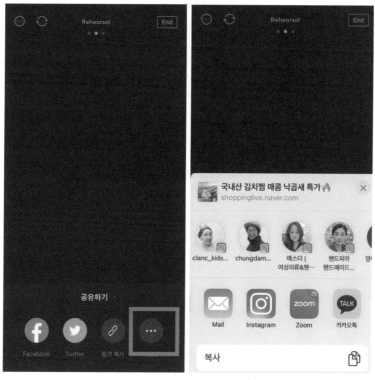

〈그림 189〉 리허설 공유하기   〈그림 190〉 공유할 링크 선택

(6) 화면 우측하단의 3점을 누르면
〈그림 190〉 화면으로 이동한
다. 여기서 카톡을 선택 후 내
카톡이나 리허설을 같이 볼 사
람을 선택하면 된다.

(7) 카톡을 보내면 〈그림 191〉처럼
링크가 보인다. 클릭하면 송출
되고 있는 방송 화면이 보이게 된다.

〈그림 191〉 카톡에서 보이는 공유 링크

〈그림 193〉 즐겨찾기 버튼

〈그림 194〉 마스크 버튼

〈그림 192〉 이펙트

(8) 〈그림 192〉 마술지팡이를 클릭한다. 이 버튼은
    이펙트이다.

(9) 첫 번째 별 모양은 즐겨찾기이다. 여러 효과 가
    운데 방송 중 사용할 효과를 미리 선택해 놓으
    면 사용하기 편리하다.

(10) 〈그림 195〉 마스크이다. 여러 가지 효과로 좀
    더 재밌는 방송이 가능하다. 네이버쇼핑 라이
    브 앱에는 없는 기능이다.

〈그림 195〉 마스크 사용

〈그림 196〉 화면효과

〈그림 197〉 감정 스티커   〈그림 198〉 스티커 적용

(11) 전체 화면에 효과를 주고 싶을 때 사용하는 기능인데, 네이버쇼핑 라이브 앱에는 없는 기능이다. 〈그림 196〉

(12) 감정을 표현하는 기능에서는 인사부터 축하, 쇼핑, 재미, 슬픔, 화남 등 표현을 아주 다양하게 할 수 있다. 네이버쇼핑 라이브 앱에도 인사, 상품/혜택, 감정 부분은 기능이 거의 같다.

〈그림 199〉 스티커 1　　　　　　　　〈그림 200〉 스티커 2

(13) 방송 중 사용할 수 있는 스티커이다. 움직임이 재밌다. 다양한 것들
이 많으니 하나하나 눌러 사용해 본 후 선택하면 된다.

〈그림 201〉 리허설에서 필터　　　　　〈그림 202〉 프리즘 시작 화면에서 필터

(14) 프리즘 앱은 뷰티 이펙트 기능이 참 좋다. 리허설에서 필터를 사용
　　 해 보고 진행해도 괜찮고, 〈그림 202〉처럼 라이브 시작 화면에 있
　　 는 필터 버튼을 눌러 사용해 보아도 된다. 필터가 아주 세분화되어
　　 있어 조명이 부족해도 방송 진행자와 제품을 일명 화면 빨이 잘 나
　　 오게 해준다.

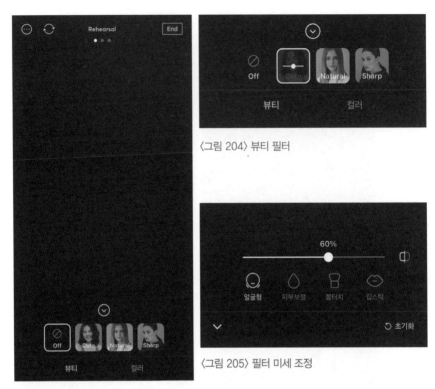

〈그림 204〉 뷰티 필터

〈그림 205〉 필터 미세 조정

〈그림 203〉 필터 선택

(15) 얼굴 모양, 즉 필터를 클릭하고 들어가면 뷰티와 컬러로 나뉜다. Cute, Natural, Sharp 중 눌러 보고 사용해 보면 된다. 수강생 분들이 해피유진은 어떤 기능을 사용하느냐고 물어보는 분들이 있는데, 주로 Cute를 사용한다.

(16) 〈그림 204〉에서 다시 한 번 더 클릭을 하면 〈그림 205〉처럼 화면이 나온다. 얼굴형, 피부보정, 볼터치, 립스틱을 하나씩 선택해서 강도를 조절하면 된다. 단, 얼굴형은 너무 강하게 사용하면 제품이 휘어 보일 수 있으니 리허설에서 테스트해 보신 후 사용하길 추천한다.

〈그림 206〉 필터 선택   〈그림 207〉 필터 조정

(17) 〈그림 203〉에서 컬러를 누르면 〈그림 206〉 화면으로 이동한다. 총
32개의 다양한 필터가 있다. 제품과 함께 잘 나올 수 있는 필터를
선택하면 된다. 이것 또한 마음에 드는 필터 선택 후 그 필터를 한
번 더 누르면 〈그림 207〉처럼 나온다. 화면을 보며 강도를 조정하
면 된다.

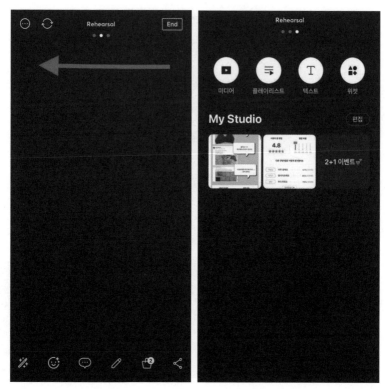

〈그림 208〉 방송 중 필요한 소스 불러오기   〈그림 209〉 네쇼라 중 필요한 사진, 영상 셋팅

(18) 〈그림 208〉에서 화살표처럼 오른쪽에서 왼쪽으로 화면을 민다.

(19) 네이버쇼핑 라이브 앱에서는 없는 기능이 미디어에 있다. 바로 음악이다.

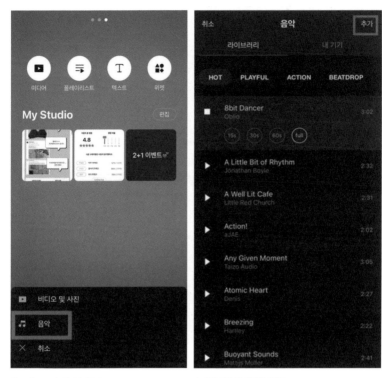

<figure 210> 음악 설정   <그림 211> 음악 선택

(20) 앞에서 말한 네이버쇼핑 라이브 앱에서 비디오, 사진 사용법은 동
    일하다. 프리즘 앱에만 있는 음악은 도입이나 방송 중간, 마지막
    등 음악이 필요할 경우 사용하면 된다. 프리즘 앱에 있는 음원은 모
    두 네쇼라 방송 중 사용 가능하다.

(21) 음악을 들어보고 방송에 맞는 음악을 선택한다. 음원 길이는
    15s(15초), 30s, 60s, Full 중 고르고 난 후 <그림 211> 맨 오른쪽
    위에 있는 추가 버튼을 누른다.

〈그림 212〉 음악 셋팅 　　　　　　〈그림 213〉 음악 불러오기

〈그림 214〉 반복 진행을 원할 때 순환고리
클릭

(22) 〈그림 212〉처럼 My Studio에 저장이 된다. 사용하고 싶을 때는 클릭을 하면 비디오, 사진 사용을 했던 방법과 동일하게 메인 화면으로 이동된다. ▷플레이를 누르면 정해 놓은 음원 길이 만큼만 작동하고, 반복해서 틀고 싶을 경우 〈그림 214〉에 있는 순환고리를 클릭하면 된다.

〈그림 215〉 플레이리스트 클릭   〈그림 216〉 플레이리스트 선택

(23) 플레이리스트를 클릭하면 비디오 플레이리스트와 음악 플레이리스
    트가 나온다. 비디오 플레이리스트는 내 핸드폰 갤러리에 있는 영
    상이고, 음악 플레이리스트는 미디어와 동일하게 〈그림 216〉 화
    면이 나온다. 앞 전에 설명한 것처럼 음악을 선택하여 사용하면 된
    다.

〈그림 217〉 텍스트

〈그림 218〉 프리즘 앱의 T(애니메이션 텍스트)

〈그림 219〉 화면보호

〈그림 220〉 네이버쇼핑 라이브 앱의 텍스트

〈그림 221〉 시계/타이머

(24) 프리즘 앱에서 텍스트는 제목, 화면보호, 시계/타이머, 소셜, 캡션, 스티커 기능까지 있다.

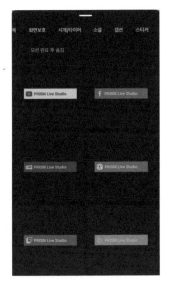

〈그림 222〉 소셜은 본인의 스토어 이름을
작게 방송 중에 나타내고 싶을 때 사용한다.

〈그림 223〉 스티커

〈그림 224〉 위젯

다양한 기능을 하나하나 사용해 보고 적절하게 사용하면 라이브방
송을 좀 더 생동감 있고 재밌게 할 수 있다. 텍스트 스타일을 고르
고 상단에 표시가 되면 그걸 한 번 더 터치한다. 그러면 키보드가
올라오면서 내용을 입력할 수 있다. 위와 같이 구성되어 있으니 천
천히 둘러보길 추천한다. 다만, 효과를 너무 자주 사용하다 보면 산
만해질 수 있으니 조심하는 것이 좋다.

(25) 네이버쇼핑 라이브 앱과 프리즘 앱은 제목, 캡션은 거의 동일하고
네이버쇼핑 라이브 앱의 ELEMENT보다 스티커 안에 좀 더 다양
하게 구성되어 있다. 소셜은 본인의 스토어 이름을 작게 방송 중에
나타내고 싶을 때 사용하면 된다.

위젯은 채팅 위젯과 웹소스가 있는데, 웹소스는 웹페이지를 하나 추가하는 것이다. 유튜브 사용자가 많이 사용하는 것인데 그냥 넘어가도 된다. 채팅 소스는 방송 중 화면에 띄어 볼 수 있지만 라이브커머스 방송 중에는 화면이 좀 복잡해 보일 수 있기 때문에 개인적으로 추천하지는 않는다.

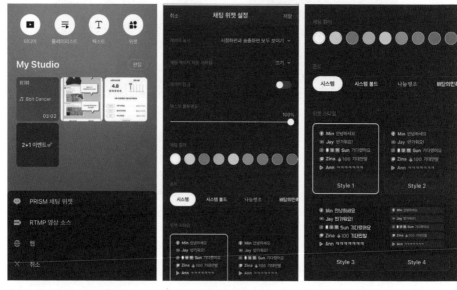

〈그림 225〉 PRISM채팅윗쳇　　〈그림 226〉 채팅윗쳇 폰트　　〈그림 227〉 채팅윗쳇 스타일

좌측 상단 …점을 누르면 〈그림 228〉 화면이 보인다. 프리즘의 고급 기능을 사용할 수 있다. 전면 카메라 좌우 반전사용은 셀카 방향일 경우 글씨가 반대로 보이기 때문에 활성화시켜 사용하면 글씨가 바르게 보인다. 〈그림 230〉 왼쪽에서 오른쪽으로 움직여 활성화시키면 된다. 라이브방송 후 핸드폰에 자동 저장을 원하면 이것도 활성화시키면 된다. 네쇼라는 방송 후에는 다시보기를 통해 볼 수 있기 때문에 저장은 꼭 안 해도 된다.

〈그림 228〉 프리즘 고급기능 사용법

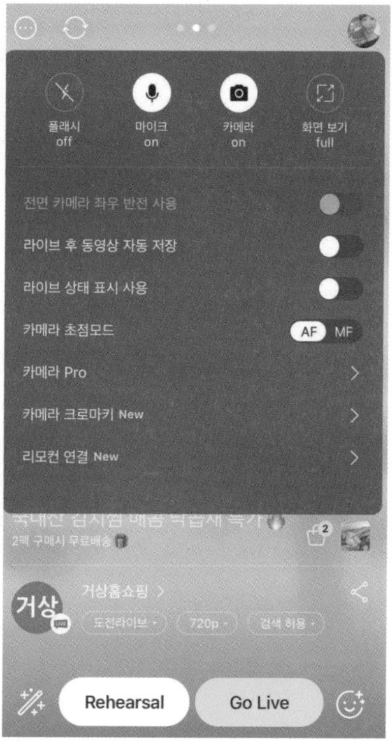

〈그림 229〉 프리즘 고급기능 사용법

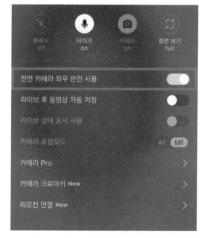

〈그림 230〉 전면카메라 좌우 반전 사용
활성화

〈그림 231〉 리허설 상태

　라이브 상태 표시사용 버튼은 리허설이나 라이브방송 중에만 활성화시킬 수 있다. 활성화시키면 아래와 같이 보인다.

〈그림 232〉 프리즘 메뉴 화면

　카메라 초점 모드는 AF와 MF가 있다. AF는 자동 모드, MF는 수동 모드이다. 화면을 보며 선택하면 되는데 자동으로 하는 것이 편하다.

〈그림 233〉 카메라 기능

카메라 PRO기능을 잘 사용해 보길 추천한다. 실내에 있을 때 특별히 조명이 잘 준비가 안 되어 있을 경우 화면이 어두워 보일 수 있다. 그때 사용하면 좋다. 첫 번째 +/- 버튼은 화면 밝기를 조절, 두 번째 AF 버튼은 카메라 초점으로 자동(AF)이나 수동 초점(MF) 선택해서 사용할 수 있다. iOS 기능은 자동 추천 드리고, WB는 차가운 빛과 따뜻한 빛을 선택할 수 있다. AUTO는 프리즘 측에서 아직 준비 단계 중이다.

〈그림 234〉 카메라 크로마키 활용

카메라 크로마키는 배경을 바꿔서 사용 가능한 기능으로 초록이나 파랑 화면을 뒷면에 설치하면 배경을 쉽게 바꿀 수 있다.

〈그림 235〉 카메라 크로마키 사용할 색상 선택

새로운 기능 중 리모콘 연결이 대박이다. 리모컨 연결을 클릭하면 〈그림 236〉처럼 화면이 나온다. 사용 안 하는 다른 휴대폰에 프리즘 앱을 깐 상태에서 CONNECT로 들어간 후 바코드를 캡처하면 〈그림

237〉 화면이 나온다.

리모컨에서 하나를 선택해 누르면 방송 중인 핸드폰에 적용이 된다.

혼자서 방송을 진행하는 분에게 너무 편리한 기능이니 한번 사용해
보길 바란다.

〈그림 236〉 리모콘 연결 버튼을 누르면 　〈그림 237〉 리모컨에서 이펙트를
나오는 화면　　　　　　　　　　　　　누른다.

〈그림 238〉 방송에 적용된 이펙트

3 | 네이버쇼핑 라이브방송 유의사항 숙지하기

1) 라이브 유의사항

부적합 콘텐츠를 게시함으로 인해 문제가 발생할 경우 이로 인한 모든 책임은 창작자에게 있으며, 이로 인해 네이버에 손해가 발생했다면 적절한 보상을 요구할 수 있다.

아래 내용이 포함된 라이브는 사전 안내 없이 라이브가 중지된다.

① 음란물 또는 잔인/폭력/혐오 등 청소년에게 부적합한 라이브(즉시 영구 정지 및 형사고발 조치)

② 지적재산권 침해, 저작권에 위배되는 라이브

   a. 저작권이 확인되지 않은 음원이 사용되는 라이브

   b. 대표 이미지에 초상권 및 저작권이 확보되지 않은 유명인 또는 캐릭터를 사용한 경우

③ 공공질서 및 미풍양속에 위배되는 저속, 음란 라이브

④ 불법적인 내용 또는 범죄 관련 직접적인 위험이 확인된 라이브

⑤ 매매 부적합 상품을 노출 또는 판매하는 라이브

⑥ 타인에게 공포심, 불안감 또는 불쾌감을 주는 라이브

⑦ 라이브 제목과 내용에 불법, 음란, 비속어 등을 표현하는 라이브

⑧ 타인의 라이브를 허락 없이 중계하는 라이브

⑨ 장난전화 및 타인에게 피해를 주는 라이브

⑩ 타 라이브 및 기타 외부 방송 프로그램, 진행자에 대한 언행 등이 포함된 라이브

⑪ 자신 또는 타인 개인 정보를 화면, 채팅에 노출하는 라이브

⑫ 미취학 아동(초등학생 이하)이 단독 출연하는 경우

⑬ 직거래 또는 직거래를 유도하는 경우

2) 네이버쇼핑 라이브방송 중 이러시면 안 돼요!

① 방송 중에 제품만 배치해 두고(비추고) 변화나 진행이 없는 경우

② 미리 촬영해 둔 라이브를 다른 기기에 틀어놓고 그 기기를 촬영, 송출하는 경우

③ 홍보, 광고 영상을 모니터에 띄워 놓고 반복해 보여주기만 하는 경우

④ 라이브방송을 그냥 켜고 리허설처럼 테스트 방송을 송출하는 경우

⑤ 방송 중에 아예 말을 하지 않고 언박싱하거나 제품 이용하는 것만 보여주는 경우

⑥ 사람이 등장하나 라이브 진행을 하지 않고 다른 일을 하는 경우

⑦ 타인의 계정을 대여하여 라이브를 진행할 경우

⑧ 전체 이용가 서비스로, 19세 이상 연령 제한 상품을 연동하는 경우 정상적으로 진행하지 않는 라이브의 경우 라이브와 다시보기가 노출 제한될 수 있다.

[출처] 네이버쇼핑 라이브 공식 블로그 송출 유의사항

3) 네이버 라이브방송에서 자주 하게 되는 실수

(1) 라이브 예약할 때 대표 이미지엔 글씨가 있으면 안 된다. 대표이미지에 글씨가 포함(브랜드 로고 내 텍스트가 포함된 경우도 해당)된 경우 초상권, 캐릭터, 저작권을 위반하는 경우에는 라이브 노출 중단 및 다시보기 미노출된다.

〈그림 239〉 출처: 네이버비즈니스스쿨

(2) 직접 재생하지 않더라도 주변 상점에서 흘러나오거나 짧게 실수로 라이브에 음원이 노출되는 경우에도 라이브 노출 중단 및 다시보기 미노출이 되고 지속적인 위반 시에는 라이브 이용이 영구 정지된다. 음원을 사용하실 경우 아래의 사항을 꼭 확인해야 한다.

① 약관 또는 사용 조건에 타 플랫폼에서의 상업적 광고/홍보물에 해당 음원 사용 가능 명시 여부
② 음원 사용 가능 기간 확인
③ 라이브 하단 공지사항에 음원 출처 표기 필수. 올바른 출처 표기

를 해야 한다.

(3) 방송 중 노래를 부르거나 직접 연주할 때도 사업 저작권을 확인해야
한다.

가사 없는 음원을 틀 경우도 안 된다. 단, 프리즘 앱에서 제공하는
무료 음원은 사용이 가능하고, 그 외에도 비신탁 음원 플랫폼에서 제
공, 구매한 음원은 사용 가능하다. 비신탁 음원의 경우 음원출처와
사용조건을 표시해서 사용해야 한다. 실제로 수강생 중 한 분이었던
자갈치 건어야님이 방송 초기 크리스마스 때 잠깐 음원을 사용하고
한 달간 라이브가 정지된 일이 있었다.

(4) 계약없이 유명인이나 타인 사진을 방송 중에 사용하면 안 된다.

예를 들어 제품 설명 시 유명 연예인 누가 입은 스타일이라고 하면서
사진을 보여주거나 타인의 동의 없이 사진을 무턱대고 방송 중에 사
용하면 안 된다.

〈그림 240〉 저작권 문제로 패널티받은 자갈치 건어야

(5) 방송 중 음주는 절대로 안 된다.

네이버쇼핑 라이브는 전체 이용가 서비스이다. 무알코올이라도 소량의 알코올이 첨가되어 있으며, 네이버쇼핑에서 19세 미만에게 상품이 판매되거나 노출되지 않는다.

따라서 쇼핑 라이브 진행 시에도 무알코올 주류를 시음하거나 판매(상품 연동)하는 것은 불가능하다. 단, 촬영 소품으로 주류 병을 진열해 두는 것은 가능하다. 안주나 술과 어울릴 것 같은 음식을 판매하고 싶은 경우 종종 실수를 하는데 전체 이용가라는 것을 한 번 기억하고 문제가 생기지 않길 바란다.

4) 방송 전 반드시 거쳐야 할 심의

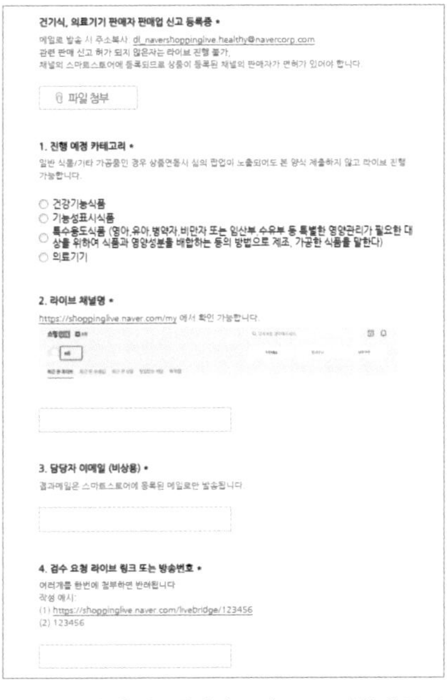

건기식, 의료기기 판매자 판매업 신고 등록증 •

메일로 발송 시 주소복사: dl_navershoppinglive.healthy@navercorp.com
관련 판매 신고 허가 되지 않은자는 라이브 진행 불가,
채널의 스마트스토어에 등록되므로 상품이 등록된 채널의 판매자가 면허가 있어야 합니다.

파일 첨부

1. 진행 예정 카테고리 •

일반 식품/기타 가공품인 경우 상품연동시 심의 팝업이 노출되어도 본 양식 제출하지 않고 라이브 진행 가능합니다.

- 건강기능식품
- 기능성표시식품
- 특수용도식품 (영아,유아,병약자,비만자 또는 임산부,수유부 등 특별한 영양관리가 필요한 대상을 위하여 식품과 영양성분을 배합하는 등의 방법으로 제조, 가공한 식품을 말한다)
- 의료기기

2. 라이브 채널명 •

https://shoppinglive.naver.com/my 에서 확인 가능합니다.

3. 담당자 이메일 (비상용) •

결과메일은 스마트스토어에 등록된 메일로만 발송됩니다.

4. 검수 요청 라이브 링크 또는 방송번호 •

여러개를 한번에 첨부하면 반려됩니다
작성 예시:
(1) https://shoppinglive.naver.com/livebridge/123456
(2) 123456

〈그림 241〉 출처: 네이버 스마트스토어센터 공지사항

(1) 심의는 어디에서 받나요?

건강기능식품은 한국건강기능식품협회에서 받고 특수용도식품, 기능성 표시 식품은 한국식품산업협회에서 받고, 의료기기는 한국의료기기산업협회에서 받아야 한다.

건강기능식품, 기능성표시식품, 특수용도식품군 라이브 운영 시 유의사항 심의를 받지 아니하거나 심의 결과에 따르지 아니한 표시 또는 광고를 할 경우, 행정제재(5년 이하의 징역 또는 5천만 원 이하의 벌금)에 처해질 수 있다.

① 건강기능식품

한국건강기능식품협회

https://www.khsa.or.kr/user/Main.do

'건강기능식품'이란 인체에 유용한 기능성을 가진 원료나 성분을 사용하여 제조가공한 식품을 말한다(「건강기능식품에 관한 법률」 제3조 제1호).

② 기능성표시식품

한국식품산업협회 https://www.kfia.or.kr/

식품의약품 안전처장이 정하여 고시하는 내용을 표시, 광고하는 식품(제품에 함유된 영양성분이나 원재료가 신체조직과 기능의 증진에 도움을 줄 수 있다는 내용으로서 식품의약품 안전처장이 정하여 고시하는 내용을 표시, 광고하는 식품)

③ 특수용도식품(영아, 유아, 병약자, 비만자 또는 임산부, 수유부 등 특별한 영양관리가 필요한 식품) 한국식품산업협회 https://www.kfia.or.kr/

(2) 심의는 한 번만 받으면 되나요?

유관기관을 통해 라이브 심의를 한번 통과받은 후 동일한 내용을 진행한다는 가정 하에 여러 번의 라이브를 진행하거나 숏클립을 게시할 수 있다. 다만 내용/멘트 변경이 있다면 관련 기관에 재심의 진행이 필요하다.

(3) 네이버쇼핑 라이브에도 심의통과서를 한 번만 제출하면 되나요?

아니다. 라이브와 숏클립 각 콘텐츠 건별로 각각 모두 제출하여 사전 등록해야 한다. 이전에 동일한 심의통과서로 확인 완료 메일을 받아 본 적이 있다 하더라도 새로운 라이브 또는 숏클립 번호인 경우 사전 제출하지 않으면 심의통과서 미확인 콘텐츠로 간주되어 노출이 제한된다.

(4) 어떤 자료를 제출해야 하나요?

라이브 대본과 패널 모두 심의가 필요하며, 패널을 사용하지 않는다면 대본 심의만 진행 가능하다. 숏클립의 경우 동영상 심의 진행을 기본으로 하되, 멘트가 있는 숏클립의 경우 대본 심의를 받는다.

(5) 네이버폼에 제출한 심의 검수 소요시간이 어떻게 되나요?

오후 12시 이전 제출한 경우 최대한 당일 검수 진행되도록 하고 있으며, 12시 이후 제출한 경우 그다음 영업일에 순차적으로 검수 진행되며, 고객센터 또는 메일을 통한 선처리 요청은 절대 불가능하다. 반려될 수 있는 부분을 감안해 넉넉하게 일정 잡아서 제출 및 진행 바란다.

(6) 각각 제품들마다 이전에 심의받은 심의통과서가 있다면 재심의받지 않아도 되나요?

이전에 심의받은 내용을 그대로 쭉 이어서 언급할 경우 재심의받지 않아도 된다.

다만, 심의받은 대본들 여기저기에서 내용을 부분적으로 발췌해 새로운 대본 또는 내용으로 진행될 경우 변경 심의 신청을 하거나 재심의 진행이 필수이다.

(7) 라이브와 숏클립 언급은 하지 않고 상품 연동, 노출만 해도 심의받아야 하나요?

라이브에 상품을 연동/노출만 해도 광고로 간주한다. 심의 통과된 상품만 라이브 또는 숏클립에 연동 가능하며, 멘트 없이 상품을 연동/노출만 하는 경우 유관기관에 변경 심의 신청을 진행해 줘야 한다. 심의통과서가 없거나 언급되어 있지 않은 경우, 또는 유관기관에서 심의 거부하는 경우 연동 해제 바란다.

(8) 심의를 받을 때 표시, 광고 매체 타입은 동영상, 홈쇼핑, 인터넷 등 어떤 것을 선택해야 하나요?

대본과 패널(외 라이브 중 사용될 영상 등)에 대한 심의가 맞는다면, 매체 타입은 상관없다.

(9) 이미 네이버에 심의 검수받은 라이브에 추가할 상품이 생겼는데 그냥 진행해도 되나요?

안 된다. 이미 검수(사전등록) 진행했더라도 추가할 특수식품군 상품이 생긴 경우, 해당 내용을 명시하여 다시 제출해야 한다. 심의 검수 확인 완료(통과) 메일받은 후 사전 공유 없이 추가 상품 등록되어 있는 경우에도 라이브가 노출 제한된다.

(10) 심의통과서가 라이브 진행 일정이나 숏클립 게시일보다 늦게 나올 것 같다, 이 경우 유예 가능한가요?

불가능하다. 라이브 광고 집행 사전에 필수로 받아야 한다. 이후에 심의통과서 '이행' 결과를 받게 되더라도 사전 심의 미진행으로 위법한 사실은 변함없다.

(11) 심의 미진행 라이브나 숏클립을 삭제하면 문제없나요?

콘텐츠를 삭제해도 심의 미진행 상태로 라이브를 진행하여 위법한 사실은 변함없으며 그 책임은 판매자에게 있다. 라이브를 삭제해도 위반 진행 사실에는 변함이 없으며 패널티 이력 삭제가 불가능하다.

5) 네이버쇼핑 라이브 서비스 어뷰징 모니터링 강화 발표!

네이버쇼핑 라이브에서는 최근 서비스 어뷰징 집중 모니터링 및 제재 활동을 강화하겠다고 공식적으로 발표했다. 특히 구매실적 달성을 위하여 라이브 중 가구매를 유도한다던지, 빈 박스 배송 후 리뷰작업, 이에 대한 페이백 및 대가성 상품 지급 등 구매관련 어뷰징이 적발될 경우 제재를 받을 수 있으니 주의해야 한다. 네이버쇼핑 라이브에서 어뷰징 대표사례로 나열한 예시를 숙지하고 소탐대실하지 않도록 주의해야 하겠다. 대표적인 어뷰징 사례를 살펴보면 〈서비스 어뷰징 대표 사례〉와 〈대표적인 서비스 어뷰징 이용 경로 〉로 구분하여 구체적으로 알려주고 있으니 얼마나 꼼꼼하게 모니터링하고 있는지를 단적으로 보여준다.

〈서비스 어뷰징 대표 사례〉
- 상위 노출을 목적으로 한 비정상적인 사전/라이브 중 유입 작업
- 시청자 및 잠재고객을 기망하는 구매 유도/구매인증의 허위 댓글 작업
- 서비스 어뷰징 목적의 비정상적인 허위/자전거래 작업
- 서비스 어뷰징 목적의 비정상적인 구매 및 대가성 리뷰 작업

〈대표적인 서비스 어뷰징 이용 경로〉
- 톡톡 메시지, 이메일 등으로 유입된 '상위노출' 목적의 마케팅/광고 집행 제안
- SNS, 무형의 서비스 상품 거래사이트/플랫폼에서 '상위노출' 목적의 상품 구매
- 라이브 운영 대행사의 실적 달성을 위한 어뷰징 작업
- 매크로 프로그램 구매 후 이용

<출처: 네이버 쇼핑 공식 블로그>

위와 같은 서비스 어뷰징 행위 발각 시 엄격한 제재 조치 대상임을 명시하고 있으며, 특히 서비스 어뷰징이 적발된 경우에는 기존 쇼핑 라이브 패널티 시스템과 별도로 1회차부터 송출 권한이 영구적으로 제한되며, 별도 소명을 통한 예외 처리도 불가능함을 공지하고 있으므로 네이버쇼핑 라이브를 꾸준히 하고 싶다면 이와 같은 서비스 어뷰징은 꿈도

꾸지 말아야 한다.

6) 방송 전 반드시 변경해야 할 핸드폰 셋팅

라이브방송 중에 핸드폰 알림이나 재난문자, 전화 등이 오면 방송 진행에 지장을 준다. 따라서 방송 전에 핸드폰 알람은 비활성화로 해야 한다. 재난문자, 방해금지 모드도 비활성화해야 하는데 안드로이드와 iOS 방법이 조금 달라 차례대로 알려 드리겠다.

(1) 재난문자를 비활성화하는 방법 중 안드로이드의 재난문자 비활성화 방법은 설정 〉 안전 및 긴급 클릭 〉 재난문자 클릭 〉 경보 허용을 〈그림 245〉와 같이 파란색에서 색이 보이지 않도록 바를 움직여 비활성화를 하면 된다.

〈그림 242〉 안드로이드 폰 　　〈그림 243〉 안전 및 긴급 클릭

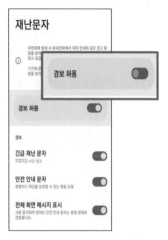

〈그림 244〉 재난문자 클릭　　　　〈그림 245〉 경보허용 비활성화

(2) 아이폰은(iOS) 설정 〉 알림 〉 긴급재난문자/안전안내문자에서 〈그림 247〉처럼 초록색에서 색이 없도록 바를 움직여 비활성화하면 된다.

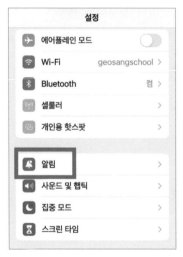

〈그림 246〉 아이폰(iOS)

〈그림 247〉 아이폰(iOS)

(3) 방해금지하는 방법은 안드로이드에서는 설정 〉 알림 〉 방해금지를
비활성화한다.

〈그림 248〉 안드로이드 방해금지하는 방법

〈그림 249〉 방해금지 클릭

(4) ios에서 방해금지 모드 설정은 설정 〉 집중모드 〉 방해금지 모드 〉 집
중모드 상태 확인하면 된다.

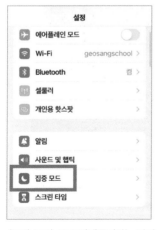

〈그림 250〉 iOS 방해금지하는 방법

〈그림 251〉 집중 모드 상태

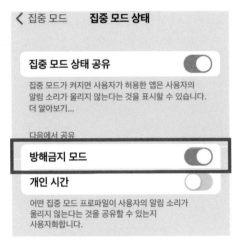

〈그림 252〉 방해금지 모드 활성화

4 │ 배너, 손팻말 만들기

〈그림 253〉 망고보드를 사용해 만든 배너

〈그림 254〉 네이버쇼핑 라이브 앱
사용해 만든 배너

라이브방송 중 이벤트나 가격을 알려주는 배너를 본 적이 있을 것이다. 앞에서 설명한 대로 네이버쇼핑 라이브 앱 자체 기능으로 만들 수도 있지만, 이미지를 넣어 자세히 만들고 싶을 때는 무료로도 사용 가능한 미리캔버스, Canva를 사용하면 된다. 유료 결제 시에는 다양한 템플릿과 기능이 많은 망고보드 사용을 추천한다.

〈그림 255〉 베스트 리뷰 이벤트 배너

망고보드에서 배너를 만들 때는 템플릿 클릭 〉 배너를 누른 후 마음에 드는 템플릿을 선택해서 사용하면 보다 빠르게 제작할 수 있다.

〈그림 256〉 망고보드 홈 화면

〈그림 257〉 망고보드

미리캔버스에서 배너를 제작할 때는 돋보기 모양 검색에서 배너나 유튜브 배너를 검색 후 마음에 드는 템플릿을 사용하면 된다.

〈그림 258〉 미리캔버스 홈 화면

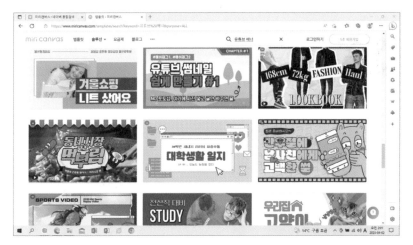

〈그림 259〉 미리캔버스

〈그림 260〉
모바일 캔바

　　무료 사용도 가능한 캔바는 색감이나 디자인이 예쁜 템플릿이 많아 광고나 SNS에 올릴 게시물 만들기에 좋다. 배너를 만들 때 16 : 9사이즈를 추천한다.

〈그림 261〉 PC캔바

〈그림 262〉 캡컷

그리고 방송 중 2개 이상의 배너를 보여주고 싶을 때는 캡컷을 이용해 보자. 모바일과 PC에서 캡컷을 다운받은 후 클릭해서 들어간다. 이미 만들어 놓은 2개 이상의 배너 이미지를 불러오면 자동으로 이어지며 영상화된다. 캡컷을 클릭 〈그림 263〉처럼 +버튼을 누른다. 갤러리에서 배너로 사용할 사진을 클릭한다. 그럼 자동으로 클릭한 사진이 연결된다. 자동 연결된 상태도 좋지만 사진을 클릭해 2초씩 시간을 조절해 주면 더 좋다. 비율을 눌러 2:1 사이즈로 만들면 방송 중 보기 좋은 사이즈로 띄우기 좋다. 배너를 알맞은 위치에 올려놓으면 자동으로 움직이며 방송 중 보이게 된다.

〈그림 263〉 영상, 사진 불러 오기

〈그림 264〉 사이즈 조정하기

〈그림 265〉 사진 비율은 2:1로
눌러 사이즈 조정을 한다.

〈그림 266〉 마지막 캡컷이라고 보이는
장면은 선택 후 삭제를 한다.

〈그림 267〉 사진을 클릭해 2초로 사진 길이를
조절한다. 그리고 화살표를 눌러 추출을 한다.

〈그림 268〉 완료를 클릭하면
갤러리에 영상이 저장된다.

손팻말을 만들 때는 우드락보다는 좀 더 튼튼한 폼보드 사용을 추천한다. 그리고 내용은 조금 간결하게 잠깐 보더라도 잘 보일 수 있도록 만든다.

〈그림 269〉 손팻말

〈그림 270〉 손팻말

5 | 제품 배송을 위한 준비물

1) 스티커 제작하기

온라인으로 제품을 주문 후 택배를 받고 포장부터 기분이 좋아 기억에 남는 스토어가 있지 않은가? 제품 위에 붙어 있는 스티커 한 장으로 기분이 괜히 좋아지고, 구매후기까지 적고 싶다는 생각으로 이어진 적이 있을 것이다. 그럼 그런 스티커는 어디서 주문하는지 궁금할 텐데 몇 군데를 추천하겠다. 페이퍼온, 스티커민족, 스티커에오 등인데, 주문수량에 따라 금액 차이가 있으니 잘 비교한 후 구입해 보자.

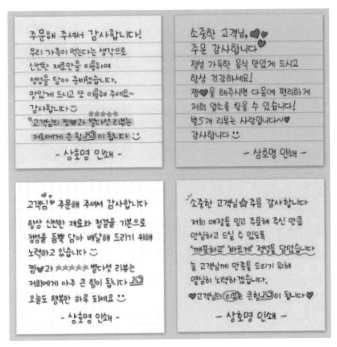

〈그림 271〉 출처: 페이퍼 온

스티커 한 장으로 구매하신 분들이 제품을 받아보고, 구매후기를 자동으로 쓰고 싶게 유도할 수도 있고, 제품을 받았을 때 좋은 기억으로 남아 재구매가 이어질 수도 있다. 디자인한 스토어 로고가 있다면 스토어 스티커 제작도 해 보면 브랜드를 알리는 데 좋은 수단이 될 수 있다.

〈그림 272〉 구매감사와 리뷰를 위한 스티커 제작

〈그림 273〉 필요한 스티커 제작

〈그림 274〉 구매감사와 리뷰를 위한 스티커 제작

2) 포장지, 박스 주문하기

박스몰은 박스부터 비닐, 박스테이프 등 포장에 필요한 재료를 한꺼번에 구입하기 좋은 곳이다.

〈그림 275〉 한꺼번에 싸게 구입하기 좋은 박스몰

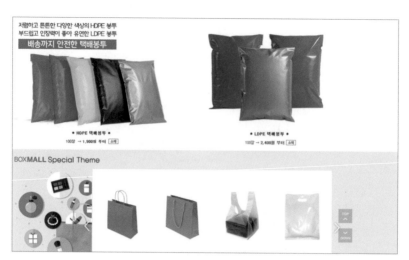

〈그림 276〉 박스, 비닐 등 한꺼번에 싸게 구입하기 좋은 박스몰

좀 더 예쁜 비닐 포장을 원한다면 Poly닷컴을 이용해 보길 추천한다. 집으로 들어갈 때 문 앞에 놓여 있는 택배로 온 비닐포장을 보기만 해도 기분이 좋아질 수 있다. 작은 부분이지만 내 브랜드의 홍보 수단이 될 수 있다.

〈그림 277〉 Poly닷컴: 다양한 색상의 비닐 포장

핸드폰으로 방송은 송출되지만 쇼호스트 분이 진행하다 보면 질문에 대한 답변을 바로바로 못해 주거나 댓글을 가까이에서 보고 싶을 경우 네이버쇼핑 라이브보드를 통해 라이브방송을 좀 더 원활하게 진행할 수 있다. 도와주실 분이 있다면 매니저 초대를 통해 서브 권한 매니저가 채널을 관리할 수 있다. 스마트스토어센터에 로그인해서 판매관리 활동을 할 수 있도록 권한을 부여할 수도 있다. 스마트스토어 판매자센터에서 판매자 정보 〉클릭 후 〉매니저 관리를 클릭, 초대하기를 누르면 〈그림 279〉처럼 화면이 뜬다. 이름과 연락처를 입력 후 확인 버튼을 누르고, 상대편이 수락을 하면 권한이 생긴다. 라이브보드 사용은 PC로 가능하다. 그리고 방송하는 공간이 넓다면 PC와 쇼호스트가 볼 수 있는 모니터를 HDMI로 연결해 보면 보다 편리하게 진행할 수 있다.

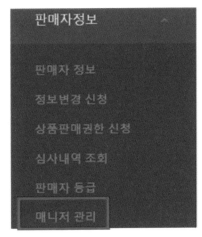

〈그림 278〉 매니저 관리

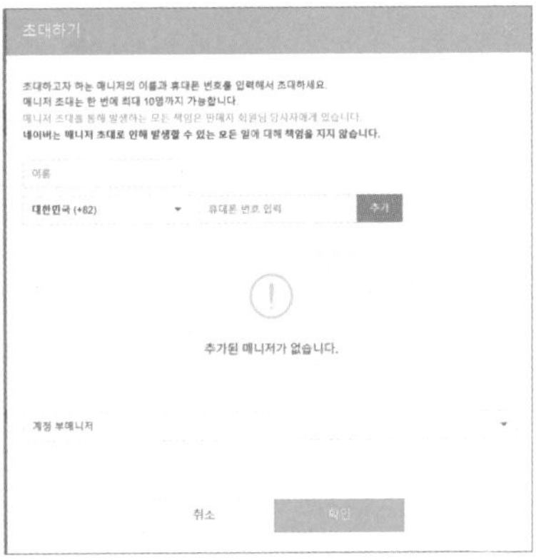

〈그림 279〉 매니저 초대하기

(1) 네이버쇼핑 라이브보드는 네이버 홈 화면에서 쇼핑 클릭 후 쇼핑 라이브를 클릭해도 되고, 검색을 해서 네이버쇼핑 라이브 홈으로 들어가도 된다. 맨 밑으로 스크롤바를 내린 후 〈그림 282〉처럼 N쇼핑 라이브 관리툴을 클릭한다.

〈그림 280〉 네이버 메인 화면에서 쇼핑 〉 쇼핑 라이브

〈그림 281〉 쇼핑 라이브 홈 화면

〈그림 282〉 N쇼핑 라이브 관리툴 클릭

(2) 스마트스토어센터 로그인을 한다.

〈그림 283〉 스마트스토어센터 로그인

(3) 네이버 커머스 ID를 클릭한다.

〈그림 284〉 네이버 커머스 ID로 인증

(4) 네이버 아이디로 로그인을 클릭
한다.

〈그림 285〉 네이버 아이디로 로그인

(5) 아이디, 비밀번호 입력 후 로그
인을 한다.

〈그림 286〉 아이디, 비밀번호 입력

(6) 스토어 선택 후 확인을 클릭한다.

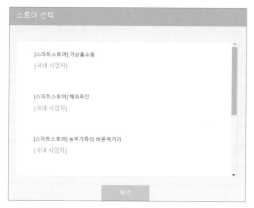

〈그림 287〉 스토어 선택

(7) 라이브보드에서 대기라고 되어 있는 것 중 시간을 한 번 더 확인 후 라이브보드를 클릭한다.

〈그림 288〉 라이브보드 들어가기

(8) 라이브방송 전에는 화면이 이렇게 보인다.

〈그림 289〉 네쇼라 전 라이브보드

(9) 방송 전 필요한 문구를 오른쪽 창에 미리 작성한 후 방송 중 댓글에
붙이며 라이브 진행을 돕는 것이 편리하다.

〈그림 290〉 네쇼라 중 라이브보드

(10) 라이브방송이 끝나면 아래와 같이 라이브방송 중 판매된 금액, 결제 상품수, 취소 상품수, 상품 조회수를 라이브보드에서 볼 수 있었는데, 지금은 방송이 끝나자마자 라이브상황판은 없어지고 통계에서 볼 수 있다.

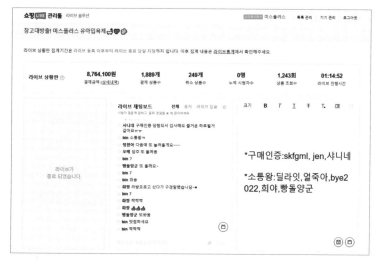

〈그림 291〉 변경 전 라이브보드

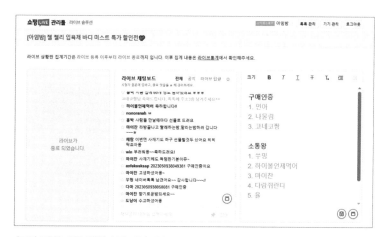

〈그림 292〉 새로 바뀐 쇼핑 라이브보드

7 | 새로 바뀐 쇼핑 라이브보드 활용하여 방송하기 🎁

2023년 5월 31일 네이버가 쇼핑 라이브 판매자를 위해 상품 특성에 맞게 자동으로 대본 초안을 써주는 'AI(인공지능)큐시트 헬퍼' 시범서비스를 시작하였다. 'AI큐시트 헬퍼'는 각 판매자의 네이버쇼핑 라이브 관리툴 페이지에서 볼 수 있다. 상품군에 따라 장점, 고객 리뷰 등 제품의 핵심 정보를 AI가 블로그나 스마트스토어로부터 추출, 요약해 제공하거나 사용자가 직접 입력할 수 있다. 일부 뷰티, 식품, 의료기기 상품 및 자율심의가 필요한 대상 카테고리 상품 등은 AI큐시트 지원 대상에서 제외된다고 한다. 라이브예약 후 사용 가능하고, AI큐시트 초안은 오프닝, 상품 소개, 클로징 3가지 파트로 구성된다. 오프닝에는 언급하면 좋은 대표 상품들의 특징, 가격이나 혜택 안내가 있고 상품 소개에는 상품 진입, 상품구성, 상품가격으로 작성된다. 상품별 특징이나 장점, 상품에 대한 주요 리뷰, 가격 혜택 안내가 있고, 클로징에는 대표 상품과 혜택 언급, 마무리 멘트로 내용이 구성된다. 이때 상품의 특가, 세일가격은 직접 꼼꼼히 확인 후 내용을 입력해야 한다. PC, 모바일에서도 사용 가능하다.

〈그림 293〉 AI(인공지능)큐시트 헬퍼

〈그림 295〉에서 동의를 선택 후 오른쪽 상단에 있는 빨간색 버튼인 'AI큐시트 헬퍼'를 누르면 초안을 작성해 준다.

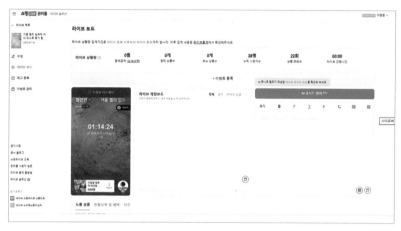

〈그림 294〉 AI큐시트 헬퍼 라이브 초안

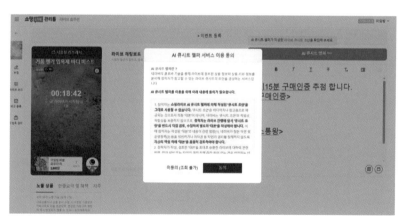

〈그림 295〉 AI큐시트 헬퍼 동의

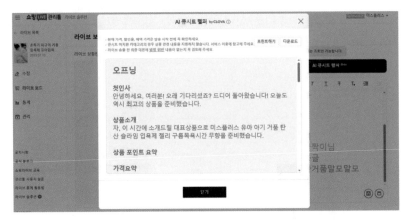

〈그림 296〉 AI큐시트 헬퍼

2023년 6월 22일부터 변경된 부분이 또 있다. 네이버쇼핑 라이브 관리툴을 클릭하고 들어가면 왼쪽 화면에 라이브등록, 예고페이지 관리, 이벤트 조회, 숏클립, 채널홈, 공지사항, 공식블로그, 쇼핑라이브 교육 등이 한 눈에 보이고, 쉽게 이동할 수 있게 되었다. 방송상태 전체를 클릭하면 방송상태 전체, 대기, 종료, 라이브 중으로 표시되고, 송출방식 전체를 클릭하면 송출방식 전체, 자사몰 송출로 나온다.

〈그림 297〉 변경된 라이브보드

라이브보드에 들어가면 왼쪽에 실시간 송출되는 라이브를 볼 수가 있고, 수정을 눌러 라이브 타이틀, 대표사진, 제품, 라이브 혜택 등을 변경 가능하다. 이벤트 관리도 바로 할 수 있다.

〈그림 298〉 변경된 라이브보드

쇼핑 라이브 관리툴은 모바일 쇼핑 라이브 앱에서도 볼 수 있고, 사용 가능하다. 〈그림 299〉처럼 삼선 클릭 후 사용하면 된다.

〈그림 299〉 쇼핑 라이브 관리툴

〈그림 300〉 쇼핑 라이브

먼저 어떤 이벤트를 할지 설명해 주고, 이벤트 선물은 어떤 것인지 보여 준 후, 게임을 진행하면 된다. 이벤트 게임으로는 초성게임, 삼행시 짓기, 뽑기, 돌림판 이용하기, 구슬 이용하기, '000는 나에게 (   )이다' 등이 있다.

1) 초성게임

작은 화이트보드나 스케치북을 활용해 보자. 소통왕을 뽑을 때 또는 참여를 높이며 댓글 소통을 유도할 때에는 간단한 퀴즈를 추천한다.

〈그림 301〉 초성게임 장면

2) 삼행시 짓기

방송 중에 제품의 이름이나 정보 중 중요한 단어를 알려주고 '삼행시 짓기'를 해 보자. 삼행시는 라이브방송에 참여자가 많을 때, 진행하면 좋다. 쇼호스트가 재치 있는 삼행시를 읽어 주면 시청자, 당첨자 모두 즐거움이 더해진다.

예) 미미주

라이브 채팅보드　　　**전체**　공지　라이브 답글　☆
시청자 질문에 답하고, 중요 댓글을 ★ 해 관리하세요.

☆ **앨리스** 우와 구성 미쳤다!!!

★ **J유미** (미)각을 생각한 맛있는 생강!(미)처 챙기지못한 면역력을 대신 챙겨주는 미미주 생강청!!(주)인공은 나야나!!

☆ **푸름새봄** 미미주 대박 미미주4주년 주절주절 팔봉댁넘 이쁘고만요

☆ **lucy823** 저의 애정템 생강청 2개 구매했어요!!

★ **무지개박스** 미 미식거리는 갱년기 여인 속도 미 미지근하게 만져주는 주 주구장창 마시는 생강차 추천해요

★ **너구리부인** 미! 미인은 알이보징~~~ 미!!! 미미주가 피부에 좋은 걸~~~ 주!!!주름 관리도 미미주로!!!!

★ **사과나무** 미루지 마세요. 미미주가 책임져요. 주요 면역기능 책임져요♡

☆ **쪼꼬밍** 20개사믄용???

★ **텅장돼지** 미)래에는 세계에서 알아주는 일류기업이 되겠죠? 미)리미리 많이 먹어둬야해요! 주)식으로 공모할때 일빠로 주주될께요!

〈그림 302〉 삼행시 짓기

3) 뽑기(요일, 숫자)

방송 중에 숫자, 요일, 알파벳 등을 진행자가 먼저 뽑은 다음 잠시 확인을 한다. 혼자일 경우 본인만 살짝 보고, 다른 진행자가 있다면 같이 본다. 그런 다음 "숫자를 올려주세요.", "알파벳을 올려주세요."라고 한 후 가장 먼저 올려준 분에게 이벤트 선물을 드리면 된다. 댓글을 유도할 때 아주 좋은 방법 중 하나이다. 간단할수록 참여율이 높다. 예를 들면 숫자를 1부터 20까지 만들고 뽑은 후 숫자를 올려주세요 하면 많은 분들이 숫자는 빠르게 올려준다. 댓글 소통 유도에 반응이 아주 좋다.

〈그림 303〉 알파벳, 숫자 뽑기

4) 돌림판 이용하기

구매인증 번호를 올려준 분과 돌림판 돌리기 게임을 하면 좋다. 방송 전 돌림판에 숫자나 이벤트 선물을 화이트 보드펜으로 적는다. 그다음 "구매번호를 올려준 ○○○님, 댓글로 '고'(또는 시작)라고 적어 주세요."라

고 한 후 그 댓글이 올라오면 돌림판을
돌린다. 그리고 돌림판이 멈추면 당첨된
선물을 드리면 된다. 보는 재미가 있어
서 라이브 시 분위기를 업시킬 수 있다.

5) 공기돌 이용하기

구슬을 두 통 이상 구입해서 빈 통에 넣고
전체 개수를 알려준 후 주먹에 들어가 있

〈그림 304〉 돌림판 이용 이벤트

는 구슬을 몇 개인지 맞추기인데, 혼자 진
행 시엔 본인만 살짝 본 후 진행, 쇼호스
트가 두 명일 경우에는 옆 사람과 같이 본
후 "숫자를 올려주세요."라고 말하면 된
다. 그리고 제일 먼저 숫자를 올려준 분에
게 이벤트 선물을 드리면 된다. 한 주먹
만, 참여인원이 좀 많을 때는 두 주먹에
구슬을 쥔 후 합해도 게임이 재밌다.

〈그림 305〉 공기돌 이용 이벤트

6) ○○○는 나에게 (   )이다

'제품 이름명+나에게 (   )이다' 또는 '스토어 이름+나에게 (   )이다.'
이 이벤트는 제품 방송이 몇 회 나간 후에 진행을 해 보길 추천한다. 화
이트보드를 이용해 방송 중 보여주고 행사를 진행해 보자. 이 질문은 방
송을 보고 있는 분들의 답변이 또 다른 즐거움과 감동이 된다. 라이브방

송을 한지 좀 되셨다면 꼭 한 번 해 보길 바란다.

〈그림 306〉 OOO는 나에게 ( )이다 이벤트

9 | 라이브방송 전 일지를 쓰며 구체적으로 준비하기

라이브커머스 일지 해피유진 라이브커머스스쿨	
일시	
라이브커머스 플랫폼	
제품구성 가격 이벤트 행사	
타겟 (성별, 연령)	
준비물	
제품특징, 장점	
유사품과 비교분석	
유통기한 포장상태	
시연 방법	
모니터링 후 피드백	

(1) 일시: 방송 예약 날짜를 기록한다.

(예) 2023. 5. 1 오후 8:00

(2) 라이브커머스 플랫폼: 방송할 플랫폼을 적는다.

(예) 네이버쇼핑 라이브, 인스타 라이브, 쿠팡 라이브 등

(3) 제품구성 가격, 이벤트 행사

120ml 30포 1박스 22000원 ------▷ 19000원(개당: 633원)

120ml 60포 2박스 44000원 ------▷ 35000원(개당: 583원)

무료배송

구매인증 3분 추첨 사과잼 증정

소통왕 2분 스타벅스 커피 쿠폰 증정

(4) 타겟(성별, 연령)

이유식 시작하는 아기부터 온가족, 유아맘, 초등맘, 워킹맘

(5) 준비물

투명컵 3개, 얼린 사과즙 2봉, 가위1, 샐러드 한 접시, 사과사진, 과수원 사진, 리뷰사진, 평점사진, 잘 마시는 아이들 마시는 모습 영상, 공장에서 작업하는 과정 영상, 제품구성 배너, 이벤트 배너, haccp인증, 유기농인증

(6) 제품특징, 장점

haccp인증, 유기농, 저온착즙, 120ml 용량

(7) 유사품과 비교분석

다른 제품들은 80, 100ml인데, 이 제품은 120ml로 양이 많다. 영양소가 파괴되지 않도록 생과일 압착 방식으로 짜서 영양소가 파괴되지 않을 정도만 살균과정을 거쳤다. NFC착즙은 과일의 맛과 향이 그리고 영양소가 거의 그대로 전달된다.

(8) 유통기한 2024. 6

(9) 포장상태

1포 120ml / 한 박스 30개

(10) 시연 방법

투명컵에 파우치를 뜯고 부어 양을 보여주고, 마시는 모습도 보여준다. 여러 가지 얼음 모양 틀에 얼려진 사과즙을 보여주고, 먹는다. 아이들이 좋아하며 먹는 사진, 영상 후기를 띄운다. 사과즙을 이용한 샐러드 드레싱으로 사용하는 방법 알려주고 직접 샐러드에 뿌린 후 먹는다.

(11) 모니터링 후 피드백 : 방송 후 다시보기를 통해 다음 방송을 위해 개선할 점 적어둔다.

(예) 마이크 소리가 처음에 잘 들리지 않았다. 충전을 꼭 확인하자. 반드시 리허설을 해 보자. 좀 더 웃으면서 방송을 하자. 숟가락은 2개가 필요하다.

06 네이버쇼핑 라이브 후 할 일

1 | 주문, 메시지 확인, 송장번호 입력하기

라이브방송 후에는 스마트스토어센터에 들어가 주문을 확인 후 발송을 해야 한다.

그리고 방송 중 이벤트 당첨자도 확인해서 사은품을 보내야 한다. 상품 발송 후에는 반드시 〈그림 309〉에서처럼 송장번호를 입력한다.

송장번호를 제때 입력하지 않으면 주의, 경고 단계를 거쳐 이용제한에 걸릴 수 있다. 나 또한 스마트스토어를 오픈한 지 얼마 안 되어서 라이브방송 후 송장입력을 제대로 안 해 이용제한까지 간 적이 있었다. 소명서를 수기로 적은 후 제출했다. 모바일 쇼호스트로만 활동하는 경우는 상황이 다르지만, 본인 제품으로 스토어에 올리고 판매하는 경우는 라이브방송 이후 포장 발송까지 해야 하기 때문에 연이어 주문이 많이

〈그림 307〉 주문 확인

〈그림 308〉 발주(주문)확인 / 발송관리

〈그림 309〉 신규주문 후 발송처리 〉 송장번호 입력

〈그림 310〉 해피유진 스마트스토어 라이브커머스 방송 후

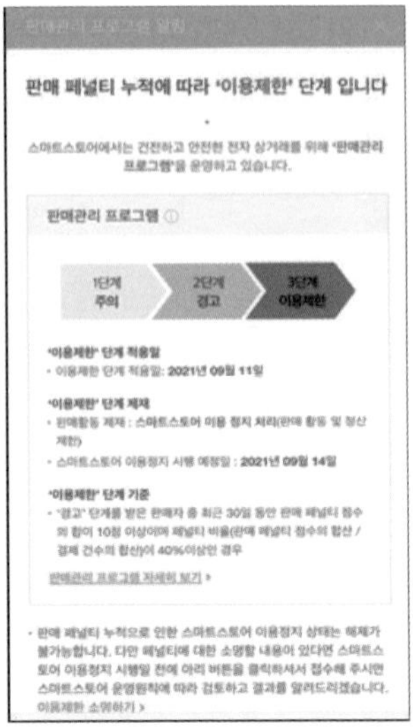

〈그림 311〉 판매 패널티에 따라 받은 이용제한

들어올 경우 배송이 끝이 아니라 송장번호도 반드시 신경 써서 입력해야 함을 잊지 말자.

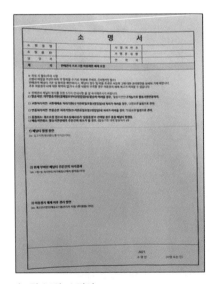

〈그림 312〉 소명서

2 | 라이브보드 데이터 분석하기

쇼핑 라이브 관리툴의 통계를 잘 활용해 보자. 리뉴얼되기 전은 라이브 후 최대 2일까지 통계 집계를 했으나 리뉴얼된 지금은 기간제한 없이 누적 통계 집계를 한다. 라이브 전, 중, 후로 나누어 라이브 성과를 확인할 수 있다. 통계를 통해 시청, 유입, 구매성과를 분석해 보며 잘된 점과 아쉬웠던 점들을 점검하면 쇼핑 라이브방송을 통해 매출을 향상시키실 수 있다. 통계는 쇼핑 라이브에서 N쇼핑 라이브 관리툴로 들어가 〈그림 313〉처럼 통계를 클릭하면 된다.

〈그림 313〉 쇼핑 라이브 관리툴 〉 통계

〈그림 314〉 라이브 통계

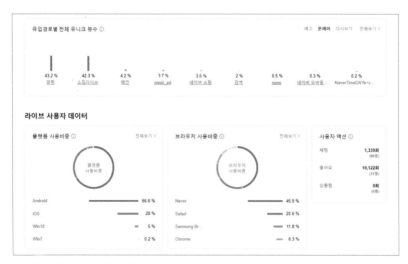

〈그림 315〉 라이브 사용자 데이터

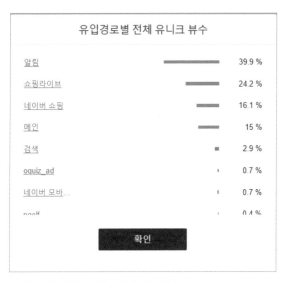

〈그림 316〉 유입경로별 전체 유니크 뷰수

라이브 사용자 데이터에서는 플랫폼, 브라우저, 사용자액션을 알아볼 수 있는데, 특히 사용자액션을 잘 보면서 채팅, 좋아요, 상품찜 등을 라이브방송 전, 중, 후로 나누어 점검을 해 보자.

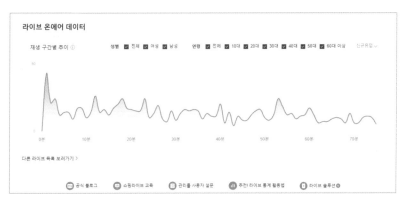

〈그림 317〉 구간별 추이

라이브 온에어 데이터는 1분 단위로 성별, 연령, 신규유입, 동시접속, 결제, 상품조회, 체류시간을 확인할 수 있다.

네이버 측 집계에 따르면 평균 라이브 전 5%, 예고페이지를 통해서 라이브 중 80%, 라이브 후 15% 다시보기를 통해 매출이 발생한다고 한다. 따라서 사전 예고페이지를 잘 작성하고, 라이브 후에는 하이라이트, 상품구간관리를 통해 매출이 잘 일어나도록 하자.

3 | 라이브방송 다시보기 후 다음 방송 준비하기

PC에서는 네이버쇼핑 라이브로 들어가서 볼 수 있고, 모바일에서는 네이버쇼핑 라이브나 스토어에서 쇼핑Live로 들어가서 보거나, 쇼핑 라이브 앱에서 지난 방송 보기로 볼 수 있다. 다시보기를 통해 실수를 했거나 아쉬웠던 점들을 라이브일지에 정리해 다음 방송에 수정 및 적용해 보자. 조금씩 개선이 되며 발전되는 모습을 발견할 수 있다. 내가 내 모습을 보는 것이 참 어색하고 불편하지만 방송 후 꼭 다시보기를 통해 개선해 나가며 성장해 보자. 처음에 누구나 겪는 과정이다. 나 역시도 그랬다.

〈그림 318〉 PC에서 네이버쇼핑 라이브를 통해 다시보기

〈그림 319〉 모바일에서 스마트스토어에서
보이는 라이브

〈그림 320〉 쇼핑 라이브 앱에서
지난 라이브 다시보기

방송 전, 후 체크리스트를 가지고 잘 활용해 보길 바란다. 머릿속으로만 체크하다 보면 실수하는 부분들이 생긴다. 체크리스트를 활용해서 잘 준비하고, 방송 후에도 챙겨야 할 부분들을 놓치지 않도록 하자.

	네이버쇼핑 라이브방송 전, 후 체크리스트	
1	네쇼라 예약하기	
2	예고페이지 만들기	
3	스마트스토어 마케팅 메시지 보내기	
4	홍보하기 : 인스타 스토리, 피드에 올리기(블로그, 카페 등)	
5	방송장비 체크 및 제품 확인	
	(1) 마이크	
	(2) 핸드폰 충전 상태 체크	
	(3) 조명	
	(4) 거치대	
	(5) 제품 상태 확인	
	(6) 조리도구, 시연도구	
	(7) 방송 중 필요한 사진, 영상, 이벤트, 배너	
6	방송하기	
	(1) 네쇼라 라이브보드 켜기	
	(2) 인스타 라이브 켜기(제목, 댓글 한 줄 고정)	
	(3) 네이버쇼핑 라이브 켜기 (사진, 영상, 이벤트, 배너)	
7	주문 넣기, 이벤트 당첨자 확인 후 선물 보내기 (배송 메세지, 톡톡 확인)	
8	송장번호 입력하기	
9	반품이나 CS확인	
10	후기 적어주시길 부탁하며 톡톡 보내기 (물건 잘 받으셨나요? 맛있게 드시고 제품에 만족하셨다면 후기 부탁 드려요. 행복한 주말되길 바래요.)	
11	다시보기와 통계 리포트 분석하기	
12	다음 방송 준비하기	

매출이 늘어나는
아이템별
실전사례

지금까지 해피유진과 함께하는 라이브커머스 수업을 들은 분들은 1000명이 넘는다. 푸드, 패션, 뷰티, 키즈, 건강기능식품 등 분야도 다양하다. 400회 이상 라이브를 한 분, 300회, 200회, 100회 달성한 분들. 그분들의 성장 스토리를 이야기해 보려 한다.

01

23년 차 이대 앞 의류매장
<오늘옷 대표님>

"오프라인에서만이 아닌, 온라인도 똑같아요."

코로나로 인해 오프라인 매장의 매상이 급감하면서 57세 오늘옷 대표님은 직접 온라인을 배우기 시작하셨다. 2022년 젊은이들만 하는 게 아닌가 생각하던 인스타그램을 나도 한번 해 보자라는 생각으로 도전하였다. 낮에는 매장에서 일을 하고 밤엔 잠을 줄여 가며 기능을 하나하나 익혀 갔다. 인스타 안에서도 오프라인 매장운영처럼 소통하고, 온라인상에서 손님 한 분 한 분을 만났다. 스마트스토어에 신제품을 올리고 인스타 라이브방송으로 눈앞에서 직접 제품을 보듯 상세하게 설명해 주었다. 오프라인 23년 차 이대옷가게 언니답게 어떤 체형에 어떤 옷이 잘 어울리는지, 어떤 디자인이 더 날씬해 보이는지 해결사처럼 척척 답변해 주었다. 그 결과 네이버 스마트스토어에서 새싹 등급이 되었고, 네이

〈그림 1〉 매장에서 쇼핑 라이브방송 장면 　　〈그림 2〉 '오늘옷' 인스타 계정

버쇼핑 라이브까지 하게 되었다.

　　인스타 DM이나 스토어 톡톡을 통해 질문해 주는 분들에겐 궁금해하는 부분을 일일이 답변해 주었고 글로 설명이 힘들 때는 기꺼이 전화까지 하며 그분들의 질문 하나하나 세심하게 답변해 주었다. 그립에서 진행한 라이브커머스교육을 받으러 갔다고 한다. 라이브커머스 1기 교육생 40명 수업 중 라이브커머스 발표를 했는데 교육생 중에서 1등을 했다고 했다. 그 소식을 듣고 나도 얼마나 기뻤는지 모른다.

　　이대 앞 옷가게 월세가 얼마나 비싼 곳인가? 다른 가게들은 월세 내기가 어려워 하나하나 매장문을 닫아야 할 때, 매장에서 손님만을 기다리지 않고 오늘옷 대표님은 라이브방송을 통해 온라인의 손님들과 소통하며 제품을 소개하고 그곳에서 판매까지 했다. 이대표님은 말한다.

"라이브커머스 첨엔 넘 떨리고 두려울 수 있지만, 그냥 하고 보자는 마음으로 해 보세요. 방송 중에 떨리면 떨리는 대로 솔직하게 이야기하며 진행하고, 친구에게 이야기하듯 편하게 이야기하세요. 진심은 통하니깐요."

2023년 1월 2일 대표님으로부터 연락이 왔다.

"1년 만에 빅파워가 되었어요. 네이버쇼핑 라이브가 정말 큰 힘이 되었어요. 선생님 너무 감사합니다."라고 말해 주었다. 그 이야기를 듣고 정말 기뻤고 대표님께 너무 감사하다고 전했다. 왜냐하면 매일 라이브방송하기가 쉽지 않다는 것을 알기에 꾸준히 해줌에 매우 감사했다. 2023년 3월 11일엔 네이버쇼핑 라이브에서 무료로 광고해 주는 빅파워 이상 대상자만 지원 가능한 3월 블루밍데이즈에 당첨되어 3월 11일에 방송을 하게 되었다. 꾸준히 방송을 하고 늘 도전하니 이런 좋은 기회도 잡을 수 있었다고 본다. 그날 방송으로 770만 원이 판매가 되었고, 그 방송을 본 분들 중 직접 매장으로 와서 한꺼번에 100만 원 이상 구매한 분도 있다고 한다. 매주 2회 이상 꾸준히 네쇼라를 하고 있는 오늘옷 대표님을 응원하며 또 어떤 기쁜 소식을 전해 줄지 너무 기대된다.

(블루밍데이즈: 2023년 4월부터 스마트스토어 등급이 새싹부터 지원 가능으로 변경)

02

건어물 하나로 빅파워
<자갈치 건어야>

"매출 0원! 매출 0원! 방송 끝나고 속상해서 울었지만
그다음 날 또 방송했어요."

네이버쇼핑 라이브방송 100회 달성. 그리고 200회, 300회를 넘어 구수한 사투리와 밝은 미소를 가지고 매주 월, 화, 목, 금에 총 8회, 오후 2시 네쇼라 1회, 오후 4시 그립 1회 방송을 하고 있다. 요즘 경기가 어렵다고 하지만 찐팬을 확보한 자갈치 건어야 대표님은 현재 스마트스토어도 빅파워를 유지하고 있고, 그립에서도 판매가 좋다고 한다. 처음부터 이렇게 즐거운 일들만 가득했던 건 아니었다. 코로나 초기 자갈치 시장에 손님이 뚝 끊기며 걱정만 하다가 온라인 공부를 시작했다. 인스타를 시작으로 스마트스토어를 개설하고 그립 라이브, 인스타 라이브방송으로 판매를 했다. 그리고 스마트스토어 파워가 되어, 네이버쇼핑 라이브

〈그림 3〉 처음 빅파워 달성

〈그림 4〉 그립 방송 장면

까지 가능하게 되었다. 요즘은 새싹 등급부터 라이브가 가능하지만 말이다. 자갈치 시장에서 직원 없이 남편과 함께 매장을 운영했는데, 여자사장님이기도 하지만 엄마이다 보니 집에 오면 집안일들이 기다리고 있었다. 아이들을 재우고 늦은 밤 잠을 줄이며 처음에는 인스타에서 소통을 하고, 라이브방송을 위해 건어물을 셋팅하고, 늦은 밤에도 건어물을 먹으면서 열심히 방송을 마친 후 부푼 맘에 스토어를 보았더니, 매출 0원! 매출 0원! 매출 0원! 몸도 너무 피곤한데 너무 속상해서 울면서 맥주한 캔 마시고는 잠들었다고 한다. 그리고 다음 날 또 방송을 했다. 이게아닌가? 그만 둬야 하나? 하는 생각이 시도 때도 없이 들었지만 대표님은 도전을 멈추지 않았다. 이 이야기를 듣고 마음이 너무 안 좋았지만,

제품이 좋았기에 힘들지만 계속하길 바라며 응원해 드렸다. 대표님은 도전, 또 도전하며 라이브 100회를 해냈고, 마침내 빅파워를 달성했다.

"두렵고 떨려도, 힘들어도 견디세요. 그리고 꾸준히 하다 보면 찐 고객이 생기고, 그 노력에 대한 보상을 반드시 받으실 겁니다."

지금까지 대표님이 한 방송은 400회가 넘는다. 귀여운 부산 사투리가 매력적으로 작용했을 수도 있지만, 무엇보다 꾸준함과 열심으로 지금의 대표님이 되신 것 같다. 요즘 대표님은 매일 아침 인터넷으로 중소기업유통센터에 들어가서 소상공인이 라이브방송 시 받을 수 있는 쿠폰 해택을 받아 그립에서 재미나게 매출을 올린다고 전해 주었다. 소상공인을 위한 정부지원 사업이 많이 있으니 꼭 사이트에 들어가서 좋은 지원들을 받아보라고 말씀해 주었다. 정부 지원 사업에도 관심을 가져보자!

〈그림 5〉 Grip라이브 시 받을 수 있는 쿠폰

03

어디든 갑니다.
찾아가는 모바일 쇼호스트 〈신우주〉

"내 제품이 없어도 모바일 쇼호스트로 활동이 가능해요."

"제 별명은 신길동입니다."

의류, 주얼리, 디저트류, 리빙 제품을 소개해 주며 150회 방송을 진행해 본 신우주님은 좋은 상품으로 행복을 전하는 쇼호스트가 되고 싶다고 했다. 많은 분들의 방송을 돕고 있는데, 라이브방송하면서 힘든 적은 없는지 여쭤보았다.

"라이브방송은 적성에도 잘 맞고 재밌어요. 하지만 늘 즐거운 건 아니에요. 방송 후 기대만큼 매출이 나오지 않은 날은 방송을 의뢰하신 대표님께 죄송하기도 하고 마음이 힘들어요. 그럴 때 도리어 대표님께서 괜찮다고 해주며 평소에 2시간 동안 최선을 다해 판매하는 제 모습에 늘 고맙게 생각한다고 해주셨어요."라고 말해 주었다.

〈그림 6〉 의류판매 라이브 장면   〈그림 7〉 리빙제품 판매 라이브 장면

그렇다. 최선을 다하는 모습은 누구나 느낄 수 있다. 결과보다는 과정이 중요한 것이다. 판매가 잘 되는 날도 있고 안 되는 날도 있지만, 쇼호스트로 늘 방송에 최선을 다하면 된다. 우주님은 방송 전에 늘 이렇게 생각한다고 한다.

"현재 받는 쇼호스트 비용 안에 갇혀 있지 않고, 나는 지금 받는 금액의 10배를 받는 쇼호스트라고 생각을 하며 그 금액에 맞는 쇼호스트가 되려고 더 열심히, 더 즐겁게 방송을 해요."라고 말해 주었다.

이런 멋진 마인드로 활동하다 보니, 라이브 시작하기를 두려워하거나 제품은 있는데 라이브방송을 못하고 있는 분들로부터 연락이 끊이지 않는다고 한다. 제품이 없다고요? 주변 분들을 먼저 도와 보자. 우주님도 처음에는 그렇게 시작을 했다. 경험이 쌓이고 실력이 늘면 우주님처럼 모바일 쇼호스트로 멋지게 활약할 수 있지 않을까? 현재 내 제품이 없더라도 꼭 도전해 보자.

04

도전 또 도전 100회를 넘어
빅파워 달성 〈천지푸드〉

"너무너무 떨리지만…또다시 해 볼게요."

음식점에 도매로 고기를 납품하던 천지푸드님은 남편 사업을 돕는 두 아이의 엄마였다. 코로나로 인해 문 닫는 음식점들이 늘고 심지어 물건값을 받지도 못한 채 소식이 끊기는 가게도 있었다고 한다. 그러다 보니 직원들을 정리해야 하는 시점이 왔고, 직원과 이별 통보를 하고 며칠 잠을 못 자기도 했다고 한다. 그러던 중 온라인 쪽 공부를 해야겠다고 결심하고 유튜브를 보다가 거상스쿨을 알게 되었고, 그러면서 인스타그램과 스마트스토어 개설 그리고 라이브커머스까지 공부하게 되었다. 초창기 택배를 실수로 같은 곳에 두 번 보내거나 택배사 파업으로 인해 제때 배송이 안 되어 고객들의 빗발치는 거센 항의에 덜덜 떨며 답변했던 적도 있었다.

〈그림 8〉 천지푸드 쇼핑 라이브 장면   〈그림 9〉 블루밍데이즈 라이브방송 장면

　몇 번을 고민한 끝에 방송 버튼을 눌렀던 천지푸드님은 지난해 11월 한 달은 20번 넘게 방송을 했고 12월 초 드디어 빅파워를 달성하게 되었다. 그리고 한 방송에서 최대 판매 금액으로 500만 원을 넘게 판매했다고 한다. 그녀는 말한다.

　"라이브방송은 처음엔 너무너무 두렵고 떨려요. 하지만 꼭 라이브커머스를 통해 제품을 소개해 보시고, 판매해 보세요. 임대료를 내지 않고 판매가 가능하고, 꾸준히 제품을 알리다 보면 판매의 즐거움을 알게 될 겁니다. 어려운 이 시기에 소상공인 분들이 오프라인에만 국한하지 말고 온라인 판매에도 관심을 가지고, 라이브커머스에도 꼭 도전해 보길 바래요."

그녀는 자신 있게 말한다. 지금은 쿠팡 라이브, 11번가 라이브까지 하고 있다고 한다. 요즘은 대표님이 직접 일주일에 한 번 방송을 하지만, 본인 제품과 잘 맞는 모바일 쇼호스트가 고정으로 화요일 7시 방송을 한다고 했다. 꼭 직접 방송을 하지 않더라도 천지푸드님처럼 내 제품과 잘 맞는 쇼호스트를 정해서 꾸준히 라이브커머스 방송을 진행해 제품 홍보 및 판매를 해 보길 바란다.

05

30년 경력 오프라인 꽃가게
〈정가네 플라워〉

"이런 것도 라이브로 판매가 가능하다고요? 네. 가능해요."

화초에 대해선 척척박사님. 첫 라이브하실 때 너무너무 떨린다고 하더니…

지금은 얼마나 여유 있게 방송을 잘하는지 모른다. 인스타부터, 스마트스토어까지 공부에 공부 그리고 라이브커머스까지 도전한 대표님!

처음 방송하러 왔을 때 한 트럭 화분들을 싣고 와 모두가 놀랐다. 이유인즉, 꽃이 핀 화분부터 열매가 맺는 단계별로 다 보여주고 싶었다고 하였다. 작은 화분까지 포함해서 아마 50개쯤 가져온 듯하다.

오프라인에서 농원도 함께하며 방송하는 건 너무 힘드실 텐데도 시간을 내서 방송하는 열정에 큰 박수를 쳐 드리고 싶었다.

대표님은 말한다.

〈그림 10〉 농원에서 쇼핑 라이브   〈그림 11〉 네이버쇼핑 라이브 홈에서 보이는 장면
방송 장면

"나이와 관계없이 누구나 할 수 있어요. 용기만 가지고, 라이브커머스를 통해 내 가게를 꼭 알려 보세요."

서울, 경기일대는 큰 화분도 직접 배송이 가능해서 농원에서 여자대표님이 네쇼라로 화초 설명과 함께 판매하면 그다음 날 남편분이 배송을 간다. 네이버에 광고비 대신 라이브방송을 하고 SNS 인스타그램을 통해 꾸준히 홍보하며 판매를 잘하고 있다. 화초도 네쇼라가 가능하다는 것을 보여준 대표님을 보며 제품에 제한을 두지 말고, 라이브로 판매하고 싶은 제품을 소개해 보길 바란다.

06

재래시장 활성화의 새로운 길을
열고 있는 <호산나방앗간>

봉천제일종합시장에서 네이버쇼핑 라이브, 배민 라이브까지

21년 3월에 해피유진과 함께하는 라이브커머스 첫 단추 1기를 하고 그 이후부터 방송을 시작했다. 대표님은 자신을 이렇게 소개한다.

"참기름 들기름 소믈리에 호산나방앗간입니다."

호산나방앗간 대표님은 3대째 부모님 가업을 이어받아 관악구 봉천제일종합시장에서 동생과 함께 가게를 운영하고 있다.

"원래가 약간은 방송 체질이라 많은 사람들 앞에 서는 것에 대해 큰 두려움이 없고 오히려 재밌어요. 2시간 혼자 아무 말 대잔치해야 해서 힘들어 투닥투닥 브라더스 컨셉으로 콜라보 연구 중입니다. 가끔 재래시장에 있는 가게에서 라이브방송을 하다 보니 오롯이 라이브에 집중이 안 돼서 좀 애로사항이 있습니다."라고 말한다. 그럼에도 지금까지 꾸준

〈그림 12〉 SBS 모닝와이드

〈그림 13〉 호산나 방앗간 가게

〈그림 14〉 인터뷰 장면

히 방송을 하고 있다.

라이브방송을 시작하는 분들에게 "새로운 플랫폼으로 선택의 여지없이 매출과 상관없이 제품 홍보하는 수단으로 생각하고 하루라도 빨리 시작하길 바랍니다. 방송하면서 실수나 부족한 부분을 수정 보완하면 됩니다. 특별히 식품은 방송 중 유의사항이 많이 있으니 꼭 알아보고 방송하길 바래요."라고 한다. 재래시장으로 라이브방송을 보고 왔다고 하는 분들도 있고, 요즘은 라이브를 하고 싶어 하는 재래시장에서 장사하는 대표님들에게 라이브방송을 가르쳐 주기도 한다고 한다. 며칠 전엔 SBS 모닝와이드에도 출연했다는 좋은 소식을 들려주었다. 재래시장에서 장사하는 분들도 오프라인 매장을 운영하며, 라이브커머스도 도전해 보길 바란다.

07

가장 빠른 시간에 라이브 100회 달성한 <엘마켓 21>

"다짐하고 바로 실행하라."

100회 네이버쇼핑 라이브를 달성, SK 홈쇼핑 출연, 쿠팡 라이브까지 방송하고 있는 엘마켓 21 대표님! 그녀는 네쇼라 100회까지 오면서 슬럼프가 정말 많이 왔었다고 한다. 그럼에도 어떻게 달성할 수 있었느냐고 여쭤봤더니, 인스타그램에 공식적으로 목표를 선포한 후 바로 실행으로 옮겼다고 했다. 어려운 도전이지만, 많은 사람들에게 이야기하면 약속을 지키기 위해서라도 하게 되기 때문이다.

"제품을 가지고 계신 분들은 꼭 라이브커머스를 해 보세요. 브랜드를 홍보하는데 이거 만큼 좋은 게 없어요. 그리고 저는 라이브커머스를 통해 판매가 드라마틱하게 되지 않았을 때도 이것만 생각했어요. '결과보다는 과정이 중요하다. 나는 성장 중이다' 라고요."

〈그림 15〉 홈앤쇼핑 방송 〈그림 16〉 네이버쇼핑 라이브방송 장면

이렇게 열심히 하다 보니 하봉식품 본사제품이 SK홈쇼핑에 전문 쇼호스트와 함께 방송할 기회가 왔을 때도 카메라 울렁증 없이 방송을 해냈고, PD님께도 칭찬을 받았다고 한다. 역시 준비된 자만이 기회도 잡을 수 있다고 생각된다.

또한 정부지원 사업을 통해 홈앤쇼핑, 동행축제, KT 알파 홈쇼핑 방송까지 출연하여 매출에 큰 도움을 받았다고 한다. 정부지원 사업도 관심을 가지고 도전해 보길 바란다.

08

나이는 숫자에 불과하다. 64세 30년 유럽소싱 전문가 <청담캔디언니>

"라이브커머스는 무조건 해야 한다."

올해 나이 64세. 30년 이태리 패션 전문가. 라이브커머스에 도전한 청담캔디언니! 오프라인에서 온라인으로 판매시장이 바뀌니 온라인 공부는 필수라고 생각했다고 한다. 9개월 만에 인스타 1만을 만드시고 인스타 라이브를 시작으로 네이버쇼핑 라이브까지 해낸 대표님을 소개해 보겠다. 배움에 대한 열정은 20대! 40일 동안 매일 같이 인스타 라이브를 통해 판매를 하며 4천만 원 상당의 판매금액을 달성하기까지 했다. 대표님은 "라이브커머스는 무조건 해 보세요. 매장도 필요 없고 집에서 핸드폰 하나만 있으면 되니 얼마나 좋아요. 내가 좋아하고 잘하는 것 중 하나를 정해 그 주제에 맞게 인스타에 올려보세요. 그리고 인스타그램에서 1000명의 팔로워를 만들고 찐소통을 해 보세요. 팔 물건이 없다면 인스

〈그림 17〉 청담캔디언니 인스타계정   〈그림 18〉 네이버쇼핑 라이브 장면

타그램에서 좋은 제품을 가지고 계신 분들과 소통하며 먼저 좋아요도 누르고 댓글도 달아 보세요. 그렇게 친분을 쌓아 가거나 인스타 메시지로 먼저 제안도 해 보세요. 팔 물건은 생각보다 많아요."

모르는 부분은 언제든 잘하고 있는 분들에게 물어보라는 대표님은 젊은 사람보다 시간이 걸릴 뿐이지 배움에 있어 나이는 관계없다며 용기를 내서 도전해 보라고 말한다. 생각보다 많은 분들이 물어보면 잘 알려준다고, 지금도 디지털 시대에 맞춰 필요한 공부를 하고 있는 중이라고 한다. 최근엔 유명 유튜브 방송에서 라이브를 할 정도로 유명해졌다. 나이와 관계없는 라이브방송, 누구든 꼭 도전할 수 있길 바란다고 했다.

09

아프지만 뛰어난 감각으로
팬층을 형성한 〈김블링〉

**"저는…일반적인 사람의 폐 20% 사용만 가능한데,
라이브방송이 가능할까요?"**

해피유진 첫 단추 1기를 모집하는 글을 인스타에 올렸는데, 인스타그램으로 소통하던 분이었던 김블링님으로부터 디엠이 왔다. 전화번호를 드리고 통화를 했다. 몇 년 전에 큰 수술을 했고 치료 과정 가운데 부작용으로 폐 손상이 생겨 보통 사람보다 폐를 20% 정도밖에 사용하지 못한다고 했다. 그런데 제가 이 수업을 들어도 괜찮을까요?라고 물어보았다. 아프기 전에 옷 가게를 하신 경험이 있고 인스타그램으로 소통하던 때라 남다른 패션 감각이 있다는 것은 알고 있었다. 지금은 스마트스토어도 공부 중이라고 했다. 난 잠시 고민하다가 한번 해 보자고 했다. 그 후 해피유진 첫 단추를 거치고 두 번째 단추까지(심화반) 수료하고 지금

〈그림 19〉 봄신상판매 라이브방송 장면　　〈그림 20〉 제품 자세히 보여주는 장면

은 너무도 멋지게 네이버쇼핑 라이브를 해내고 있다. 그러던 중 정말 놀랄 일도 있었다. 방송 중 갑자기 숨 쉬기가 힘들어 119에 실려 응급실로 이송되었다. 기흉이 왔는데, 원래도 폐가 약한 상태여서 위험할 뻔했다고 한다. 그 소식을 듣고 얼마나 놀랐는지 모른다. 그동안 얼마나 열심히 하였는지 알았기에 정말 맘이 아팠다. 지금은 회복했고 이번 주도 봄신상 네쇼라를 했다.

　그녀의 제품을 받아보면 감동이다. 스마일 스티커부터 포장에도 얼마나 정성을 쏟는지 단골이 절로 생길 수밖에 없다. 너무 멋진 김블링 대표님! 최선이라는 단어가 무엇인지 보여준 대표님을 응원하며 특별히 늘 건강하길 마음 모아 바란다.

10

개성 있는 수제 디저트로
취향 저격하는 〈하울 디저트〉

"너무 맛있게 먹었다는 후기 덕분에 다시 힘을 얻고 방송해요." 🎁

경기도 시흥에서 정말 좋은 원재료로 수제디저트를 만드는 하울 대표님! 코로나로 인해 주 3회 진행되던 외부수업이 멈추고 공방수업과 판매도 급하락하면서 온라인마케팅 공부를 시작하게 되었다고 한다. 스마트스토어를 하면서 내가 만든 제품들을 더 많은 분들께 알리고자 해피유진 첫 단추 3기, 4기 수업을 듣고 원데이클래스 2기 수업을 들었다.

"처음 라이브방송 땐 너무 어색하고 댓글도 없이 혼자서 이야기할 때도 있었는데 그럴 땐 하기 싫다는 생각을 정말 많이 했어요. 함께 공부한 친구들의 응원으로 그래도 멈추지 않고 방송을 하다 보니 정성껏 만든 제품들을 자신 있게 소개하는 제 모습에 자신감이 생겼어요."

〈그림 21〉 설날 선물세트 판매 방송 〈그림 22〉 동탄에서 열린 플리마켓에서

　　라이브를 하고 나서 하울의 대표 제품들을 많이 알아봐 주고 연근칩, 연잎보혈밥의 판매도 늘고 계절상품인 메론장아찌는 대량 작업했음에도 품절되는 일도 있었다고 했다. 2022년 9월 동탄 플리마켓에서 야외라 지나다니는 사람들이 있었음에도 불구하고 네쇼라를 진행하는 모습은 너무도 감동적이었다. 처음은 누구나 힘들다. 하지만 꾸준히 노력하다 보면 반드시 편하게 진행할 수 있는 힘이 생긴다.

　　하울 디저트 대표님은 너무 맛있게 먹었다는 정성 가득 담긴 후기를 볼 땐 원재료를 다듬는 과정부터 완제품 만들어 나오기까지 손이 정말 많이 가 몸이 힘들 때도 있지만 다시 힘을 낸다고 했다. 몸에도 좋고, 정말 맛있는 하울디저트제품이 네쇼라를 통해 많이 알려지길 바란다.

11

부부가 함께 방송하며 신뢰를 바탕으로 꾸준히 성장한 <영이방앗간>

"첨엔 너무 떨려 라이브방송 시작하기까지 힘들었지만 네쇼라 350회 달성했어요."

경남 진해에서 고소함을 그대로 고객에게 전달하는 영이방앗간 대표님! 2020년 해피유진 첫 단추 1기 두 번째 단추 1기를 수료하고, 네쇼라 350회 달성, 네이버 기획전인 2시 팔도유람선까지 출연했다. 원래부터 잘하는 분 아니냐고 생각할 수 있는데, 대표님의 처음을 이야기해 볼까 한다. 인스타로 라이브를 켜기까지 너무 두려웠다고 했다. 그러나 노력 끝에 방송을 하게 되었고, 현장 라이브방송 실습을 위해서는 가게에 일일알바를 쓰고, 서산까지 달려오는 열심을 보였다. 제품을 만들고 몸도 피곤할 텐데, 멈추지 않고 꾸준히 방송을 계속했다. 가게에서 일이 끝나고 매장에서 방송을 하다 보니 너무 늦어져 아예 집 한쪽을 방송할 수 있

〈그림 23〉 남편 분과 방송하는 영이방앗간대표님

〈그림 24〉 2021년 6월 서산에서 두 번째 단추 실습

게 꾸며 방송 후 바로 집에서 쉴 수 있도록 했고, 네쇼라를 남편 분과 함께 재미나게 진행하게 되었다. 얼마나 많은 노력을 거쳐 여기까지 오게 되었는지 알기에 정말 큰 박수를 쳐 드리고 싶다. 대표님의 사업철학을 듣고 큰 감동을 받았다.

"내가 내 자신을 속이는 순간이 오면 가게 문을 닫아야 한다고 생각합니다."

처음엔 이게 무슨 말인가 했다. 영이방앗간에서 생산하는 제품은 기름이랑 곡물가루이다. 중국산이 있고, 국내산도 있다. 그리고 매일 갓 짠 기름만 고객에게 보내 드린다. 아무도 보지 않는다고 중국산을 국내산이라 속이는 순간이 온다면 가게 문을 닫아야 한다는 뜻이다. 정직과 성실이 만들어낸 영이방앗간! 더 멋진 성장을 기대할 수밖에 없다. 지금은 남편 분과 너무도 재밌게 네쇼라를 진행하고 있다. 네쇼라에서 영이방앗간 대표님을 보게 되면 응원해 주길 바란다.

12

1000일 넘게 매일 새벽 인스타
라이브로 팬덤을 형성한 <새벽거인>

"새벽마다 라이브방송을 해요."

해피유진 첫 단추 1기이자, 인스타 친구이기도 한 그녀! 매일 새벽 5시
마다 인스타 라이브방송을 하고 있다. 그리고 2월 라방, 4월 라방을 통
해 소통하며 미사시라는 커뮤니티를 운영한다. 지금은 유명 작가님들을
초청해 미사시 회원들과 줌미팅을 하고 있으며, 출판사로부터 연락이
와서 책도 준비하고 있다. 라이브방송은 글에서 느낄 수 없는 그 사람의
온도를 생생하게 느낄 수 있다. 물건 판매를 위한 라이브가 아니더라도
가능하다는 것을 보여준 좋은 사례로 여러분들에게 소개하고 싶다. 라
이브방송은 언제 어디서나 켤 수 있기에 심지어 여행지에서도 라이브를
진행했다. 미래를 사는 시간. 그녀의 브랜딩!을 하는데 라이브방송은 그
녀의 매력이 잘 전달될 수 있었다. 퍼스널 브랜딩을 하기에도 너무 좋은

<그림 25> 새벽거인 인스타 계정   <그림 26> 인스타 라이브방송 장면

라이브방송을 여러분도 시작해 보셨으면 한다. 단, 이처럼 꾸준했을 때
일어나는 일임을 꼭 기억하길 바란다.

13

호주에서 네이버쇼핑 라이브하는
<엘리호주>

"3개월 만에 라이브방송에서 1600만 원 매출이 나왔어요."

호주에서 모바일 쇼호스트로 너무 멋지게 활약 중인 엘리를 소개하려 한다. 2020년 코로나가 시작되면서 재택근무로 전환되었고, 취미로 배우게 된 인스타그램을 통해 알게 된 해피유진과 함께하는 라이브커머스 첫 단추라는 온라인강의를 수강하게 되었다고 한다. 열정적인 강의와 그룹수업 외에도 6인 1조 조별 실전 연습을 해 볼 수 있었던 점이 많은 도움이 되었다고 했다. 그 이후 끊임없이 노력하며 꾸준히 방송을 하다 보니 라이브커머스 시작한 지 3개월 만에 네이버쇼핑 라이브방송으로 1600만 원이라는 판매를 했다. 그 비결을 여쭤 보았는데, 그녀는 전직 데이터 분석가답게 연간&시즌별 쇼핑 트렌드 및 키워드 자료 분석을 바탕으로 한국인의 선호도에 맞는 앞선 트렌드 제품을 선정해서 준비했고, 라

〈그림 27〉 엘리호주 네이버쇼핑 라이브

이브방송으로 소개하니 매출로 이어졌다. 해외에서 방송하는 엘리는 크게 두 가지를 유의하라고 해주었다.

"해외는 인터넷이 느린 지역 및 시간대가 있을 수 있어요. 초창기 방송 때는 라이브 송출이 끊어질 때가 있었어요. 즉시 비즈니스 인터넷 플랜으로 전환하였으며 저는 아직도 라이브커머스 방송 때는 안정적 송출이 될 수 있도록 인터넷 모뎀을 옆에 두고 진행을 해요. 폭우 기상예보가 있을 경우는 방송용 모바일+PC 1대 총 2개의 기기에서만 WIFI를 사용하고 추가 기기는 WIFI를 중지시켜 송출에 방해가 없도록 사전 준비를 합니다. 무엇보다 방송을 우연히 보고 처음 해외구매대행으로 구매하는 고객이 있을 수 있는데, 개인통관고유번호 발급 방법을 문의할 수 있기에 유니패스 (https://unipass.customs.go.kr) 안내 및 배송 예상 일정을 자세하게 안내해 줄 필요가 있다."고 알려주었다. 지금은 글로벌 셀러로 강의도 병행하며 멋지게 쇼호스트로 활약하고 있다. 해외에서 사는 분들 중 라이브방송으로 판매하고 싶은 분들은 엘리처럼 도전해 보길 바란다.

14
화장품 매장을 운영하며 400회 라이브방송을 달성한 <희경쌤>

"희경쌤 오늘도 라이브방송합니다."

400회를 이미 달성한 희경쌤은 오늘도 네이버쇼핑 라이브를 한다. 그동안 라이브커머스를 하며 힘들지는 않았는지에 대한 질문에 그녀는 웃으며 이렇게 답했다.

"아직까지도 방송을 켜기 싫은 날도 있고, 두려운 날도 있어요. 그리고 어떤 날은 너무 피곤해 자고 싶은 날도 있고, 친구들이랑 놀고 싶은 날도 있지만, 꼭 참고 방송을 했어요."

그녀의 처음은 어땠을까? 해피유진 첫 단추(기초반), 두 번째 단추(심화반) 수업 이후 그녀는 네이버쇼핑 라이브 진입을 위해, 인스타 라이브를 2주 동안 매일 하겠다는 선언을 하고 실행에 옮겼다.

〈그림 28〉 희경쌤 인스타 계정

〈그림 29〉 네이버쇼핑 라이브 방송 장면

20년 넘게 화장품업계에 종사하고 있는 희경쌤은 제품소싱부터 아주 깐깐하게 한다. 제품이 좋지 않으면 자신 있게 권할 수 없기에 써 보고 좋은 제품만 쇼핑 라이브에서 소개한다는 그녀! 그래서인지 네이버쇼핑 라이브에서 2시간 방송만으로 1000만 원을 판매한 날도 있다. 그러나 늘 좋은 매출만 나온 것은 아니다. 댓글도 없고, 매출 0원이 나온 날도 있었다고 한다. 그럼에도 불구하고 매일 꾸준히 라이브방송을 하고 있다.

희경쌤은 무엇보다 뚜렷한 목표를 정하는 게 중요하다고 한다. 50회, 100회, 200회… 어떤 날은 방송 중 힘든 댓글로 당황한 적이 있었는데, 쇼핑 라이브에 들어오는 단골고객들이 오히려 도와주어 그 상황을 잘 넘겼다고 한다. 그녀는 목표를 뚜렷하게 정하고 꾸준히 실행하며, 일희일비하지 않는 것이 라이브커머스를 계속할 수 있게 하는 비결이라고 말했다. 오늘도 희경쌤은 라이브방송을 한다. 이 꾸준함이 그녀의 성공 비결이 아닐까?

"당신이 바라거나 믿는 바를 말할 때마다
그것을 가장 먼저 듣는 사람은 당신이다.
그것은 당신이 가능하다고 믿는 것에 대해 당신과
다른 사람 모두를 향한 메세지다.
스스로에 한계를 두지 마라."

−오프라 윈프리

매출 늘리는
마케팅 전략

해피유진이 알려주는
라이브커머스 실전 Tip

　판매를 잘 하고 싶다면 첫째도 둘째도 제일 중요한 것은 제품이다. 그리고 좋은 제품에 가격도 착하다면 금상첨화이다. 제품과 가격이 좋다면 이젠 판매할 수 있는 장소다. 이왕이면 사람이 많이 모여 있는 공간이 되어야 제품을 알릴 수 있는데, 네쇼라 기준으로 소식받기, 알림받기 하는 분들이 많으면 좋고 인스타그램, 블로그, 맘카페를 통해 방송시간과 판매 제품이 미리 홍보가 되면 라이브방송 시 판매가 높아진다. 네 번째는 매력적인 이벤트이다. 라이브방송 시 구매는 그 방송을 보며 그 시간에 사야 할 이유가 느껴져야 한다. 구매는 이성 영역이 아니라 감성 영역이다. 가격과 구성을 매력적으로 만들어라. 그래서 사고 싶게 명분을 만들어 주어라. 좀 더 구체적인 이야기를 해 보겠다.

제품과 구성, 그리고 이벤트를 방송 중에 말로만 설명할 수도 있다. 하지만 말보다 보여주는 것이 고객에게 더 잘 전달된다. 이벤트 구성 시 피켓 또는 배너를 만들어 보여주며 방송진행을 하면 말로만 하는 경우보다 훨씬 효과적이다. 라이브방송 중간 중간에 들어오는 분들이 많기 때문에 이벤트와 특가는 방송 화면에 계속 보일 수 있길 추천한다. 구매후기도 말보단 직접 사진이나 영상으로 보여주어라. 판매자가 좋다고 하는 것도 좋지만 우리도 온라인에서 구매할 때 구매후기를 참고하는 것처럼, 사용했던 분들의 좋은 후기는 판매로 이어지는 아주 좋은 방법이다.

〈그림 1〉 이벤트 배너

〈그림 2〉 라이브방송 시 상단에 띄우는 배너

〈그림 3〉 방송 중 배너

〈그림 4〉 제품 구매 시 도움을 줄 수 있는 평점

〈그림 5〉 방송 중에 보여줄 구매후기

2 | 제품마다 판매를 높이는 전략은 다르다 🎁

1) 푸드

(1) 도입이 너무 길면 안 된다.

음식에 대한 설명이 도입 부분에서 너무 길어 먹는 시연이 늦어지면 안 된다. 음식은 무엇보다 맛있게 먹을 때 매출로 연결이 된다. 따라서 음식 시연은 방송 후 빠르게 진행하길 추천한다.

(2) 시각과 청각을 자극하라.

음식을 판매할 경우 음식이 자세히 보일 수 있도록 가까이에서 보여주는 것이 매우 중요하다. 그리고 방송할 제품이 가지고 있는 특징, 장점을 잘 설명해 주어야 한다. 내 제품 상세페이지만 보지 말고, 와디즈 펀딩이나 스마트스토어에서 내 제품과 비슷한 제품을 검색하여 판매와 후기가 좋은 스토어를 찾아 상세페이지를 꼼꼼히 읽어 보아라. 판매가 잘 되는 스토어엔 내가 미처 생각 못했던 좋은 표현들이 있기 때문에 그 내용을 메모하여 방송 중에 사용해 보자. 그리고 네이버쇼핑 라이브, 홈쇼핑 등을 보며 어떻게 라이브방송을 진행하는지 먼저 본 후 준비하면 큰 도움이 된다.

채소와 생선, 과일은 신선함을 강조하며 어느 지역에서 생산되는지, 배송은 어떻게 오는지를 미리 보여주며 설명해 주면 신뢰가 가고 판매에 아주 도움이 된다. 과일은 무엇보다 당도를 강조해 주어야 한다. 그리고 음식의 맛을 보면서는 감탄사와 함께 얼굴 표정으로 맛을 한 번 더 느낄 수 있게 잘 전달해 주면 좋다. 감탄사와 말의 고조, 그

〈그림 6〉 푸드 판매 네이버쇼핑 라이브   〈그림 7〉 끓고 있는 음식을 가깝게 보여주는 장면

리고 말의 속도를 때론 늘어지게 천천히 표현하면 좀 더 음식의 맛을 상상하며 집중하게 되고 맛있게 전달할 수 있다.

처음엔 어떻게 해야 할지 막막할 수 있다. 맨 먼저, 보고 따라 하자. 누구를? 바로 이영자, 백종원, 유명 먹방 유튜버들을 관찰하며 방송을 보자. 음식을 먹으며 짓는 표정이나 맛과 식감을 표현하는 방송을 보면서 따라 해 보자. 혼자 음식을 먹을 때도 맛을 표현하며 말하는 연습을 해 보자. 그때 거울을 보며 소리 내어 연습해 보거나 핸드폰으로 영상 녹화를 한 후 모니터링해 보는 것도 추천한다. 잊지 말자. 처음은 누구나 어색하고 힘들다. 하지만 앞에 친한 친구가 앉아 있다고 상상해 보자. 그리고 연습해 보자. 연습을 하면 할수록 차츰차츰 자연스러워지게 된다.

(3) 시간과 편리성을 설명하라

가공식품을 구매하는 이유가 무엇일까? 바로 쉽고, 빠른 조리 때문이다. 라이브방송 중 실제로 얼마나 편하게 짧은 시간 안에 조리할 수 있는지를 보여주자. 소비자가 제품을 받아 보았을 때처럼 포장상태, 포장 안에 제품구성도 자세하게 보여주고, 만드는 공장의 시설, 검사받은 증서 등이 있다면 보여주며 얼마나 안전한 먹거리인지를 잘 설명해 주자. 소비자의 마음을 움직이는데 도움이 된다.

2) 패션

제품을 보여주며 디자인, 색상, 원단, 사이즈, 핏, 코디, 세탁법 등을 자세하게 설명해 주어야 한다. 원단의 촉감을 설명할 때는 말에서도 느껴지게 부드러움을 표현할 땐 조금 천천히 말을 하고, 딱딱하거나 뻣뻣함을 말할 땐 어감에서도 느껴질 수 있도록 끊어 이야기할 필요가 있다. 원단의 부드러움을 말과 함께 시각적으로 보여줄 땐, 손바닥보단 손등으로 제품을 만지며 설명을 해주면 보는 이들에게 부드러움을 잘 전달할 수 있다.

패션 중 의류일 경우는 무선 마이크를 사용 안 해도 괜찮다. 특히 1인 방송에선 입고 벗으며 설명하기에 문제가 될 수 있다. 마이크 구입보단 핸드폰 중 가급적이면 최신폰에 투자하길 바란다. 혼자일 경우 미리 착샷을 영상이나 동영상으로 만들어 방송 중에 보여주는 것도 좋다. 원단은 최대한 가까이 보여줘서 맨질맨질한지, 골지인지 등 어떤 느낌인지 원단의 특징을 예상할 수 있게 해주는 게 좋다. 모델 사이즈는 〈그림 8〉처럼 보여주면 방송을 보는 분들이 이해하기가 쉽다. 방송 전 옷은 다림질을 해 구김이 없게 하고 실밥, 단추나 지퍼 상태도 꼭 확인해서 제품이 가장 좋은 상태로 보일 수 있도록 준비한다. 액세서리일 경우는 제품을 최대한 가까이에서 보여주고 어떤 헤어스타일, 얼굴형, 의상 등에 잘 어울리는지 착용한 모습을 미리 준비해서 보여주며 진행하면 좋다.

〈그림 8〉 가까이에서 옷의 질감을 보여주는 장면

〈그림 9〉 가까이에서 액세서리 고리 보여주는 장면

3)뷰티

뷰티제품은 기초부터 색조까지, 신체 부위별로 사용하는 다양한 제품들이 있다. 소비자가 기존에 잘 사용하고 있는 제품에서 다른 제품으로 바꿔 사용하기는 참으로 어렵다. 하지만 뷰티 제품도 잘 판매할 수 있는 꿀

팁은 있다.

(1) 고객의 불편함을 해결해 주자.

"끈적임이 싫어서 썬크림을 바르기 힘드셨다고요?"

"나에게 딱 맞는 쿠션 아직도 못 찾으셨다고요?"

내 제품의 강점이 필요한 분들에게 거꾸로 질문식으로 제시 후 그래서 준비했어요, 라며 제품 설명이 들어가는 것이 좋다.

(2) 이 제품만이 가지고 있는 이야기를 해 보자.

유명 화장품은 브랜드의 힘으로 판매가 쉽지만, 잘 알려지지 않은 제품을 판매할 경우 이 제품을 만든 회사가 어떤 곳인지, 왜 만들게 되었는지, 어떤 준비 과정을 통해 만들었는지 스토리텔링을 통해 말해주는 것이 중요하다. 예를 들어 "아토피가 심한 딸을 위해 제품을 찾다가 엄마의 마음으로 직접 만들게 되었다.", "30년간 미생물 연구하는 박사님이 피부트러블로 고생하는 분들을 위해 만든 기초 라인입니다." 이런 테스트를 거쳐서 만들게 되었다는 등 쇼호스트가 제품의 정보를 잘 숙지하고 이야기를 해주어 신뢰감을 가지게 만들어야 한다.

(3) 제품의 질감이나 제형, 향을 잘 설명하자.

뷰티제품은 액상부터 앰플, 크림타입 등 아주 다양한 질감을 가지고 있기에 방송 중 화면을 통해 아주 자세하게 보여주어야 한다. 그리고 향도 마치 맡아 본 것처럼 상상할 수 있게 설명을 잘 전달해 주자.

(4) 색조일 경우 사용 전, 후를 잘 보여주자.

특히 색조일 경우에는 더더욱 사용한 부분과 사용하지 않는 부분을 방송 중에 그대로 보여주며 설명해 주면 아주 이해가 쉽게 전달되며, 잘 표현할 수 있는 사용법도 알려주면 판매로 이어질 확률이 높다.

(5) 고정시간에 라이브방송을 하자.

화장품은 쉽게 바꾸기 어려운 부분이 있기에 정해 놓은 시간에 고객들과 소통을 하는 것이 아주 중요하다. 미용 꿀팁도 알려주면서 꾸준히 방송을 하다 보면 친해지고 신뢰가 쌓이게 되면 구매로 이어진다. 한 번 구매 후에는 재구매가 이뤄지면서 찐 고객을 확보할 수 있다.

〈그림 10〉 최대한 가깝게 보여주기   〈그림 11〉 400회 달성한 희경쌤

네이버 스마트스토어 〈미쁘다 희경〉을 운영하고 있는 희경쌤은 400회가 넘게 네이버쇼핑 라이브방송을 하고 있다. 정해놓은 시간에 꾸준히 하다 보니 팬층이 생기고 판매로 이어지면서 광고없이 라이브방송만으로 스마트스토어 빅파워까지 달성하셨다. 요즘은 11번가에서 쇼핑 라이브를 하고 있다. 뷰티제품 판매를 잘하고 싶다면 고정시간에 친한 언니, 친구가 방송하듯 찐팬을 만들어 보자. 〈미쁘다 희경〉 대표님은 오늘도 어김없이 네이버쇼핑 라이브로 온라인 가게문을 연다.

02

판매제품은 감이 아닌 데이터로 찾자!

　쇼호스트로 활동하는 경우는 상관없지만, 내 스토어에서 라이브방송을 하려고 하면 제품이 있어야 한다. 제품이 있는 경우와 제품이 없는 경우 시작점이 달라질 수 있다. 제품이 있는 경우는 내 제품을 철저하게 분석하고 다른 유사제품과 비교해 보며 내 제품의 장점과 특징을 잘 설명하고 가격구성과 이벤트를 잘 준비해서 홍보 후 방송에 들어가면 된다. 제품이 없을 경우는 먼저 좋은 제품을 찾아야 한다. 그러기 위해서는 내 감이 아닌, AI 분석을 통해 트렌드를 알아본 후 접근해 보길 바란다. 제품을 검색할 수 있는 사이트는 다음과 같다.

1) 블랙키위

블랙키위는 키워드 분석 정보를 다양하게 얻을 수 있는 사이트이다. 특정 키워드에 대한 PC와 모바일에서 발생하는 월간 검색량 정보를 제공하고, 1년 동안의 검색량과 다음 달 예상되는 검색량 정보도 제공하여 전반적인 트렌드를 예상할 수 있다. 검색한 키워드에 대한 20개 연관 키워드 정보도 함께 제공하며, 검색한 키워드의 연령별 검색 비율을 알 수 있다. 성별 비율, 이슈성까지 도움이 될 만한 다양한 분석 정보를 얻을 수 있다.

〈그림 12〉 블랙키위 키워드 분석

〈그림 13〉 블랙키위 키워드 분석

2) 네이버 데이터랩

데이터랩의 통합검색어 트렌드는 네이버 통합검색에서 발생하는 검색어를 연령별, 성별, 기기별(PC, 모바일)로 세분화해서 조회할 수 있는 사이트이다. 네이버 검색 관련 분석 정보에 최적화된 사이트이다. 패션부터 화장품, 디지털, 가구, 스포츠 등 다양한 분야의 인기 검색어를 일간, 주간, 월간별로 확인할 수 있다.

시간, 연령대별, 급상승 검색어를 확인할 수 있고 시사, 엔터, 스포츠, 이슈, 이벤트 등으로 필터링해서 결과를 확인할 수 있다. 특정 키워드를 기반으로 기간, 범위, 성별, 연령을 설정하고 검색어 트렌드를 확인할 수 있다. 또한 쇼핑인사이트를 통해서는 분야별 제품 인기검색어 TOP 500을 확인할 수 있다. 따라서 스마트스토어를 운영하는 분들은 꼭 봐야 할 사이트라고 생각된다.

〈그림 14〉 네이버 데이터랩

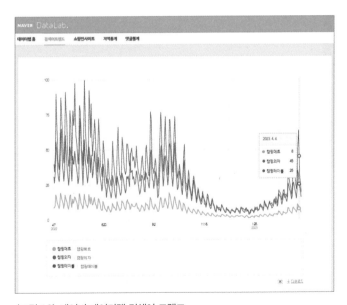

〈그림 15〉 네이버 데이터랩

〈그림 16〉 네이버 데이터랩 검색어 트랜드

3) 판다랭크

판다랭크의 판다GPT는 사용자가 팔고자 하는 상품 키워드를 입력하면 자동으로 정보를 제공하는 방식이다. 상품 키워드를 입력하면 상품 분류별로 장단점, 판매 시 어필해야 할 것들을 정리해 알려준다. 이밖에 검색량, 경쟁률, 경쟁상품수, 판매가 추천, 연관 검색어 등 정보를 자동으로 추출하고, 최근 6개월간 판매량 및 시장 규모도 알려준다. 나아가 검색 차트를 통해 1개월, 1년, 3년 단위로 언제 해당 상품이 잘 팔리는지도 알 수 있다. 이러한 지표들은 소상공인이 오프라인에서 온라인으로 상권을 옮길 때 특히 도움이 될 수 있다고 판다랭크 측은 강조했다.

〈그림 17〉 판다랭크 홈 화면

〈그림 18〉 판다랭크 종합분석

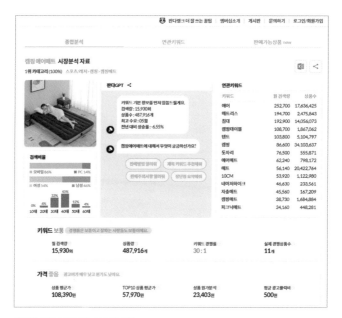

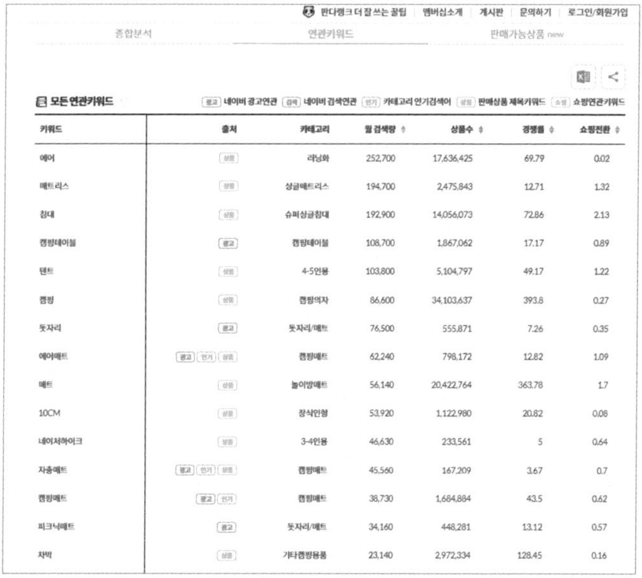

키워드	출처	카테고리	월 검색량	상품수	경쟁률	쇼핑전환
에어	상품	러닝화	252,700	17,636,425	69.79	0.02
매트리스	상품	싱글매트리스	194,700	2,475,843	12.71	1.32
침대	상품	슈퍼싱글침대	192,900	14,056,073	72.86	2.13
캠핑테이블	광고	캠핑테이블	108,700	1,867,062	17.17	0.89
텐트	상품	4-5인용	103,800	5,104,797	49.17	1.22
캠핑	상품	캠핑의자	86,600	34,103,637	393.8	0.27
돗자리	광고	돗자리/매트	76,500	555,871	7.26	0.35
에어매트	광고 인기 상품	캠핑매트	62,240	798,172	12.82	1.09
매트	상품	놀이방매트	56,140	20,422,764	363.78	1.7
10CM	상품	장식인형	53,920	1,122,980	20.82	0.08
네이처하이크	상품	3-4인용	46,630	233,561	5	0.64
자충매트	광고 인기 상품	캠핑매트	45,560	167,209	3.67	0.7
캠핑매트	광고 인기	캠핑매트	38,730	1,684,884	43.5	0.62
피크닉매트	광고	돗자리/매트	34,160	448,281	13.12	0.57
차박	상품	기타캠핑용품	23,140	2,972,334	128.45	0.16

〈그림 19〉 연관 키워드

〈그림 20〉 키워드 분석

03
제품은 어디에서
준비해야 할까?

판매할 제품은 크게 두 가지 방법으로 준비할 수 있다. 내가 직접 제품을 구매 후 판매하는 경우인 사입과 제품을 구매하지 않더라도 판매가 이뤄진 후, 제조사 또는 도매업자에게 주문서를 보내, 제품을 제조사 또는 도매업자가 최종 구매자에게 보내주는 방식인 위탁판매로 나눌 수 있다. 사입은 재고의 부담이 있고, 제품비를 먼저 지불해야 하므로 자금이 필요하다. 위탁판매는 미리 제품을 사입하지 않고도 판매를 할 수 있기 때문에 재고 부담이 없고 처음에 소자본으로 시작이 가능하다는 장점이 있는 반면, 재고 및 품절관리가 안 되어 간혹 배송지연 문제나 환불을 해줘야 하는 단점이 있다. 자, 그럼 도매 사이트를 소개해 보겠다. 도매 사이트로는 도매꾹, 도매매, 온채널, 도매토피아 등이 있다. 〈그림 22〉처럼 상세 설명 이미지 사용여부에 따라 사용이 허용된 상품은 썸네일과 상세페이지를 다운받아 내 스마트스토어에 사용하면 된다. 이미지를 그대로 사용하는 것도 좋지만, 먼저 구매해 직접 사용해 본 후 판매제품을 선택하고, 직접 사진도 찍어 차별화된 상세페이지를 만들어 보길 추천한다.

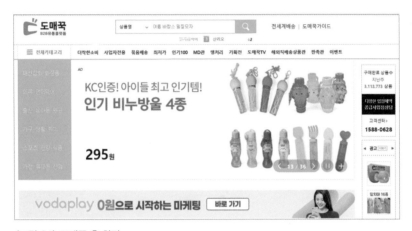

〈그림 21〉 도매꾹 홈 화면

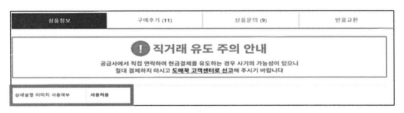

〈그림 22〉 상세페이지 사용 시 확인해야 하는 부분

도매꾹, 도매매는 종합몰이고 위탁도 가능하다. 배송기간은 판매사마다 다르다. 도매꾹 회원은 크게 일반회원과 정회원으로 나뉘어지며, 정회원은 다시 개인회원과 사업자회원으로 나뉘어진다. 일반회원은 열람만 가능하고 판매나 구매가 불가능하다. 정회원은 아이핀 또는 휴대폰인증으로 실명인증을 받고 가입한 회원이며, 개인회원은 도매매 서비

〈그림 23〉 도매매 홈 화면

스는 사용이 불가하나 도매꾹에서 구매 또는 판매가 가능하다. 사업자
회원은 사업자등록증을 가지고 상품을 판매하거나 구매하려는 회원을
말한다. 또한 사업자회원은 개인회원과 달리 도매매 서비스를 이용할
수 있으며, 사업자회원만 구매 가능한 상품들을 구매할 수 있다.

〈그림 24〉 온채널 홈 화면

도매꾹에서는 누구나 구입이 가능하고 1개 구매가 어렵지만, 도매매는 사업자회원 전용으로 1개 구입이 가능하며, 위탁으로 판매 시 내 스토어 이름으로 고객에게 제품 발송도 가능하다.

온채널은 종합몰이며 위탁 가능한 도매몰로 상세페이지 사용여부도 판매자에 따라 다르다. 온채널은 가격준수 B2B관이라는 곳을 따로 운영하여 판매자에게 마진을 지켜주고자 하는 장점이 있다.

도매토피아는 종합몰이며 위탁도 가능한 사이트이다. 도매토피아는 상품의 80%가 직수입을 하여 물류창고에 재고를 두고 판매되며, 무엇보다 상품에 대한 목록 이미지, 상품명, 상세 등을 판매자가 자유롭게 가공해서 사용할 수 있다는 장점이 있다.

〈그림 25〉 도매토피아 홈 화면

〈그림 26〉 도매토피아 배송, 반품 과정

오너클랜은 종합몰이며 위탁판매가 가능한 사이트이다. 당일배송 제품들이 많고 대량등록을 할 수 있는 장점이 있다.

또한 도매업체를 직접 찾아볼 수도 있다. 검색창에 필요한 카테고리 +도매라고 해 보자. 검색을 통해 온라인, 오프라인 도매업체를 찾을 수도 있다.

〈그림 27〉 오너클랜 홈 화면

〈그림 28〉 구글에서 그릇도매 검색

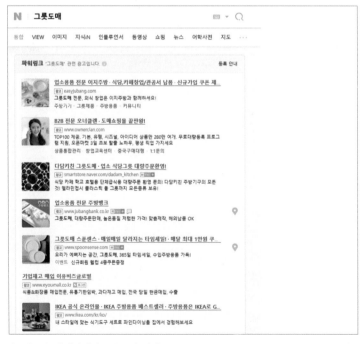

〈그림 29〉 네이버에서 그릇도매 검색

〈그림 30〉 구체적인 제품 입력 후 검색

〈그림 31〉 플레이스로 도매상가 위치 검색

매출을 올리는 라이브커머스 실전 TIP

1) 벤치마킹을 하라

(1) 스마트스토어, Wadiz 펀딩에 나오는 상세페이지를 읽어 보면서 제품을 표현하는 방법과 이벤트를 참고해 보자.

(2) 내 제품과 유사한 제품 방송을 유튜브, 홈쇼핑, 네쇼라 등에서 찾아보고 제품 표현을 어떻게 해야 하는지 관찰하고 어떤 식으로 하는지 처음엔 많이 보길 추천 드린다.

(3) 스마트스토어 1, 2page에 있는 상세페이지를 훑어보고 구매후기도 읽어 보자. 고객의 소리를 들어 볼 수 있는 좋은 기회이다. Wadiz 펀딩에 나오는 상세페이지는 아주 좋은 교재라 생각하고 내 상세페이지랑 비교해 보며 좋은 문구나 표현을 참고하고 내 제품에 맞게 표

현해 보자.

2) 무슨 요일 어떤 시간대가 방송하기 좋을까?

일주일 중 어느 요일이 좋냐고 여쭤 보시면 일요일부터 목요일 사이를 추천해 드린다. 아이템 별로 조금 차이가 있을 수 있지만, 저녁 8시부터 11시까지가 시청자수가 많다. 유아용품인 경우 오전 11시도 추천한다. 아이들을 어린이집이나 유치원, 학교 등에 보내고 집 청소 후 쇼핑하기 편한 시간대이기 때문이다.

3) 배송비를 결정하는 건 판매가? 할인가?

스마트스토어를 이용해 판매하는 사장님들이 초기에 가장 많이 하는 실수는 배송비 설정이다. 결론부터 말하면 배송비를 정하는 것은 할인가가 아니라 판매가가 기준이다.

예를 들자면 판매가가 20000원인데 할인해서 할인가 12000원이라면 3만 원 이상 무료배송이라고 하였을 때 3개 이상 구입 시가 아니라 2개만 구입해도 무료 배송이 된다. 왜냐하면 판매가가 2만원이기 때문이다. 2개만 구입해도 4만원으로 인식해서 무료배송으로 배송비가 정해진다. 무료배송은 판매에 도움을 주는 매력적인 요인이다. 가격을 잘 측정한 후, 무료배송 혜택을 라이브방송에 넣어보자.

4) 금액을 이야기할 땐 반드시 이렇게 하라

양말로 예를 들어 보자.

"5개 번들 15000원인데, 오늘 라이브방송에서는 9900원에 대폭 가격 할인을 해 놓았어요."라고 한다면 전체 금액도 말해 주지만, 반드시 금액을 나눠 줘라.

"5켤레 15000원으로 개당 3000원인데, 오늘 이벤트 특가로 5켤레에 9900원 와우 한 켤레에 1980원이네요. 2천 원이 안 돼요. 요즘 과자 한 봉지 값보다 싸요. 중국산인가? 아니요. 모든 재료도 한국, 만든 곳도 한국입니다."

금액은 작게 나눠 이야기하고, 비교대상을 찾아 이야기하라.

5) 제품을 보여주고 설명할 때는 방향을 정하라

앞에서 뒤로 그리고 다시 앞으로, 밖에서 안을 보여주고 다시 밖으로, 위에서 아래로 차분히 보여주는 게 보는 분들이 편안하게 방송을 볼 수 있다.

6) 방송 전 제품은 미리 확인하라

방송할 땐 넉넉하게 갯수를 준비하자. 특히 음식일 경우 방송 중 전시할 상품, 시연할 상품, 포장상태를 설명할 상품이 필요하니 넉넉하게 준비하는 것이 좋고, 냉동인 경우는 시연 전 해동을 해놓아 빠르게 조리해 보여주는 것이 좋다. 기능을 설명해야 하는 제품인 경우는 미리 기능을 여러 번 해 보아 사용법을 잘 숙지해 방송 중 당황하는 일이 없도록 한다. 그리고 실제로 소비자가 직접 물건을 구입했을 때처럼 포장을 보여주고, 방송 중 직접 뜯어 그 안에 내용물까지 자세히 보여주자.

7) 친구에게 말하듯 하라

친한 친구랑 만나 이야기할 때를 생각해 보자. 눈을 보며 이야기하지 않는가? 또 자동으로 미소 지으며 이야기한다. 나도 처음에 너무 긴장을 해서 웃음기 없이 방송을 진행한 경우가 있었다. 방송 전 머릿속에 친한 친구 또는 가족을 생각하며 그들에게 말한다고 생각해 보자. 긴장이 되는 건 당연하다. 복식호흡을 해 보자. 숨을 들이마실 때는 배가 불룩해질 때까지 코로 천천히 들이마셨다가 숨을 참고 5초 정도 잠시 정지한 후 숨을 내쉴 때도 역시 천천히 배를 집어넣으면서 숨을 조금씩 끊어서 내쉰다. 이렇게 하면 좀 더 안정이 된다. 몇 차례 해 보길 강추한다.

커피 같은 카페인이 있는 음료는 방송 전 피하는 게 좋다. 간단한 스트레칭을 한 후 카메라를 보며 간단하게 오늘 방송 오프닝을 해 보자. 미소도 연습이 필요하다. 긴장을 하면 자동으로 우리는 미소가 없어진다. 카메라 옆에 스마일, 카메라 보기라고 적어 놓고 방송을 해 보자. 의식적으로 연습해 보라. 웃는 얼굴은 누구나 좋아한다. 여러 번 연습하다 보면 편해지는 시간이 반드시 온다. 시간이 걸릴 뿐이다. 그리고 댓글을 천천히 읽고, 답변해 주며 고객에게 친근하게 다가가라. 오프라인 가게와 같다. 친절하게 손님에게 미소 지으며 방송을 해 보자. 꾸준히 하다 보면 반드시 단골손님이 생기기 시작하고 방송도 재미있어진다.

8) 왜 라이브 시에 사야만 하는지 고객이 공감하게 하라

쇼핑 라이브는 그냥 쇼핑 라이브를 둘러보다가 들어온 경우, 이것저것 검색하다 라이브로 들어온 경우, 알림을 보고 들어오는 경우 등 다양하다. 방송을 보는 분들이 구매로 이어지기까지 이 방법을 기억해 보자.

"매일 아침식사 챙기기 힘드셨다고요? 힘들게 아침밥을 차려 놓았는데 늦잠을 잤더니 밥맛이 없다고 그냥 출근하는 남편 때문에 속상하셨다고요? 아침 안 먹는 아이들로 인해 속상하셨다고요? 바쁘게 출근, 등교하는 우리 가족들을 위해 준비했어요. 먹기 편하고 맛도 좋은데, 영양소까지 다 챙겼어요. 000는 100% 국내산 재료로 만들었습니다. 과일로 단맛을 냈고요, HACCP인증까지 받은 건강한 단백질바입니다. 구매후기도 5점 만점에 4.9점! 후기 한 번 볼까요? 네, 바쁜 아침 온가족이 편하게 그리고 맛있게 건강하게 먹을 수 있는 000단백질바를 오늘 라이브 시에 특가로 준비했습니다. 원래 가격은 1박스 14개 3만원인데, 오늘 첫 라이브 특가로 1박스 2만원에 무료배송으로 준비했어요. 개당 1400원! 요즘 과자 한 봉지 값보다 싼데요. 1400원으로 건강을 챙겨 보세요."

왜 사야 하는지? 왜 이 제품인지? 차별성과 특, 장점을 이야기해 주고 왜 이 시간에 사야 하는지 필요성을 느끼게 말해 주면, 라이브방송 시 고객이 구입하게 되는 확률이 높아진다. 판매자 입장보다 소비자 입장에서 생각을 더해 보자. 표현하기 더 쉬울 것이다. 우리도 필요해서 쇼핑을 할 때도 있지만, 보다 보면 사고 싶을 때가 있지 않은가? 우리는 판매자이자 소비자이기에 내가 소비자라면 이 가격에 이 제품을 살까를 생각해 보고 가까운 지인에게도 물어보고 판매하게 되면 다른 이들에게도 설득력 있게 말할 수 있게 된다.

위에 말씀드린 여러 가지 팁들을 방송 중에 잘 사용해서 판매에 도움이 되길 바란다.

05

라이브방송
누구나 시작할 수 있다

처음은 누구나 두렵다. 자전거를 탈 때나 운전을 처음 시작할 때를 생각해 보면 알 것이다. 시간이 걸릴 뿐이다. 천천히 해 보자. 어린 아기가 걷기 위해 수없이 넘어지고 또 일어서는 것을 보았을 것이다. 그 아이에게 중요한 건 남들의 시선이나 실패의 두려움이 아니다. 오직 걷고 싶다는 뚜렷한 목표와 용기이다. 그리고 라이브방송을 하기 위해서는 첫발만 내밀면 된다. 시작이 반이라고 했으니 용기만 내어 차례대로 시작해 보자. 당신도 할 수 있다.

STEP 1 | 거울을 보며 나를 소개하기

처음에는 거울을 보며 이야기해 보자. 아주 많이 어색할지도 모른다. 나도 그랬기에 누구보다도 잘 안다. 내 얼굴의 표정과 목소리에 익숙해지는 시간이다. 처음에 나는 화장실 갈 때마다 거울을 보며 "안녕하세요 해피유진입니다."라는 말만 정말 많이 연습했다. 어느 정도 목소리가 나오면 1분 정도 자기소개를 해 보자. 내용을 먼저 적은 후 이야기해 보아도 괜찮다. 여러 번 소리 내어 읽어보고 거울 보며 이야기한다.

STEP 2 | 핸드폰으로 1분 영상을 녹화하기

앞 단계에서 연습한 내용을 이제 핸드폰을 켜 삼각대에 올려놓고 내 얼굴을 보며 이야기해 보자. 녹화 후엔 반드시 다시보기를 해야 하는데, 내 얼굴을 보며 목소리를 듣는 시간이 정말 부끄러울 수 있다. 괜찮다. 이 단계가 제일 어렵다. 여기만 극복해 보자. 연습 5회!만 해 보자. 그리고 괜찮으면 다음 스텝으로 넘어가고 아직 아니라면 좀 더 연습하면 된다. 단, 너무 완벽하게 하려고 하지 말자. 하면 할수록 좋아지는 것은 당연하다.

STEP 3 | 제품을 5분 정도 소개하기

내 제품이 있을 경우엔 내 제품의 특징과 장점을 메모 후 여러 번 읽고 이야기해 보자. 만약에 내 제품이 없다면 내가 가장 좋아하는 제품을 가지고 연습하면 된다. 그리고 핸드폰을 보며 영상을 녹화해 본다. 그런 후 다시보기를 해 본다, 5회를 해 보자. 점점 나아지는 내 모습을 발견하게 된다.

STEP 4 | 10분~15분으로 늘려 영상 녹화해 보기

앞에서 알려 드렸던 방법으로 라이브방송 일지를 써 보자. 그리고 그것을 가지고 방송을 하듯이 소리 내어 읽어 보자. 어느 정도 익숙하게 말하기가 되면 영상을 녹화해 본다. 그리고 다시보기를 한다. 이것도 5회 해보자. 그러고 나면 어느 정도 편해질 수 있다.

STEP 5 | 이제는 방송을 따라 해 보기

네이버쇼핑 라이브를 자주 보라고 말씀드리고 싶다. 진행하는 사람의 말투와 표정, 손짓, 제품 배치 등을 빠르게 배울 수 있다. 밥 먹으면서도, 커피를 마실 때에도 시간 날 때마다 자주 보자. 본인이 하고 싶은 제품과 유사한 제품방송을 보다 보면 빠르게 배울 수 있다.

STEP 6 | 리허설해 보기

플랫폼을 선택한 후 리허설을 해 보자. 실제로 방송하는 것처럼 모든 도구를 준비한 후 진행을 해 보자. 인스타그램일 경우는 비공개 계정으로 연습해 보는 것도 추천한다. 친한 친구들만 방송에 들어오게 알려준 후 해 보고 네쇼라에서는 리허설 기능으로, 그립에서는 테스트를 누르고 연습해 보자. 단 그립은 테스트가 5분만 가능하다,

STEP 7 | 실전 라이브방송해 보기

처음은 누구나 실수할 수 있다. 그게 당연한 것이다. 도전한 자신을 칭찬하며 시작해 보자. 천천히 연습한 대로 하면 된다. 할 수 있다. 숨을 깊게 쉬고 천천히 진행해 본다. 큐 카드를 만들어 방송 전 붙여 놓자.

STEP 8 | 다시보기를 통해 다음 방송을 준비하기

다시보기는 참 싫을 것이다. 나도 그랬고, 많은 분들이 그 이야기를 해주어 안다. 하지만 성장을 위해서는 반드시 필요하다. 다시 보며 분석하고 다음 방송에 수정해 나가면 된다. 모두 그렇게 시작했다. 말이 꼬이는 날도 있고, 진행이 매끄럽지 않은 날도 있다. 하지만 누구보다도 내 자신을 믿어주며 시작하고 10회를 해 보아라. 그리고 20회, 도전 30회를 해 보아라. 반드시 맘이 편해지는 시점이 온다. 두려움이 아닌 즐거움이 되는 날이 온다. 그때까지만 꾸준히 해 보자. 나의 수강생들 중 최고령 64세인 분도 했고, 건강이 힘든 분도 해냈다. 당신도 할 수 있다. 시작이 반이다. 자신을 믿고 시작하자.

2023년 4월 19일은 인스타를 시작한 지 딱 3년이 된 날이다. 동네만 운전하고 다녔던 나는 초보운전자였지만 덜덜 떨며, 고속도로를 타고 왕복 2시간 넘게 걸리는 거리를 거의 매일같이 출근했고, 전국을 다녔다. 비가 너무 많이 와 전국이 물에 잠겼던 날, 너무 무서워 어쩔 줄 모르며 쏟아지는 빗속을 뚫고 집으로 돌아왔던 날도 있었다. 어떤 날은 잘 준비했다고 생각하고 방송을 시작했지만 방송사고가 나서 속상하고 답답한 마음에 울면서 집으로 온 날도 있었다.

2022년은 딸 하은이가 고3! 모든 엄마들이 최고로 신경 써 주는 때에 나는 내 인생 중 가장 바쁜 시간을 보냈다. 돌아보면 포기하고 싶은 순간들도 많았고, 라이브방송을 위한 인테리어 공사부터, 라이브방송 장비까지 하나하나 셋팅하며 걱정에 둘러싸여 잠 못 이룬 날도 있었지만, 도전 또 도전하며 여기까지 왔다. 지금은 웃으며 지난날에 있었던 일들을 이야기할 수 있지만 말이다.

라이브커머스를 시작하고 싶은 분들, 시작은 했는데 좀 더 성장하고 싶은 분들에게 도움을 드리고 싶은 마음을 담아 나의 모든 경험을 이 책에 담았다. 이 책을 쓰며 지난 3년간의 여정을 되돌아보았다. 수업을 하다 보면 처음에는 재능이 있는 분들이 눈에 띈다. 그러나 시간이 지나면 꾸준히, 열심히, 묵묵히 자신과의 싸움을 하며 성장하는 분들이 보이기 시작한다. 시작은 누구나 힘들고 어렵다. 하지만 시작 후 성장을 위해서는 인내하며, 꾸준하게 나가야 하는 것이 무엇보다 중요하다. 그리고 라이브방송이 편해질 때까지는 물리적으로 채워져야 하는 절대적인 시간이 필요하다. 잠깐 해 보고 '이건 아닌가 보다'라고 하지 말고, 그 시간을 버텨 보길 바란다.

1000, 805, 1008이라는 숫자를 아는가? 의미 없어 보이는 숫자들로 보일 수 있지만 1000은 발명왕 에디슨이 전구를 발명하기까지 실패를 거듭한 횟수이며, 805는 라이트 형제가 비행에 성공하기까지 실패한 횟수이고, 1008은 KFC를 만든 65세 커넬 샌더스가 창업에 성공하기까지 거절당한 횟수이다. 이처럼 우리는 그들의 성공만을 기억하고 알고 있다. 하지만 그런 성공이 있기까지 그 뒷면엔 엄청난 실패가 있었다. 나 또한 그랬다. 많은 실수와 실패가 있었다. 두려웠지만, 나아갔다.

먼저 두려워하지 말자! 실패를 통해 우리는 성장하게 된다. 어제보다 성장한 오늘의 나에게만 집중하자. 라이브방송을 5회, 10회, 20회를 채우다 보면 자전거를 탈 때처럼, 자동차를 운전할 수 있게 되는 것처럼 편하게 라이브방송을 할 수 있는 때가 반드시 온다. 라이브커머스는 누구나 연습하면 할 수 있다. 단지 편해지는 시간에 차이가 있을 뿐이다.

핸드폰 하나만으로 나를 소개하고 내 제품을 광고하며, 매장이 없어도 집에서 판매할 수 있는 시대가 왔다. 우리 곁에 10조 시장인 라이브커머스가 성큼 다가왔다. 기회가 우리 앞에 와 있다. 이 기회를 평범했던 나도, 수많은 수강생들도 나이, 성별, 사는 지역과도 관계없이 자신에게 온 기회라고 생각하며 도전을 했다. 그 결과 인스타, 네쇼라, Grip, 쿠팡, 11번가에서 라이브방송을 하고 있다. 매장 없이도, 어느 곳에서든 방송을 켜고 제품을 팔고, 브랜드를 알릴 수 있다니 얼마나 좋은가? 이 책을 통해 47세에 평범한 주부 해피유진도 라이브커머스를 했듯이, 이번엔 당신 차례가 되길 바라며 용기 내어 라이브커머스를 시작하는 당신의 첫 단추를 끼우길 기원한다.

2020년 코로나로 인해 멘탈이 붕괴되었을 때, 등대 역할을 해주며 용기 내어 새로운 공부를 할 수 있게 해주신 MKYU 김미경 학장님, 인스타그램을 시작하고 라이브 영역을 알게 해주고, 때로는 쓴소리로 여기까지 올 수 있게 아낌없이 지도해준 임헌수 소장님께 이 자리를 빌어 정말 감사하다고 말하고 싶다. 그리고 코로나 때 밤새며 온라인에서 오프라인까지 함께 공부했던 나의 인스타 친구들 그리고 늘 내 편이 되어주었던 나의 가족들, 친구들에게 너무 감사하다. 마지막으로 이 모든 것을 가능하게 해주신 하나님께 감사와 영광을 돌린다.

해피유진 라이브커머스 코스

1. 해피유진 첫 번째 단추 (라이브커머스 기초반)
   - 수강 대상
     - 라이브커머스를 처음 시작하는 분들
   - 교육 내용
     - 라이브커머스 기본 이론: 줌 수업 1회
     - 인스타 라이브 실습 4회 이상, 줌으로 개별 코칭 1회

2. 해피유진 두 번째 단추 (라이브커머스 심화반)
   - 수강 대상
     - 라이브커머스로 직접 매출을 올리고 싶으신 분들
   - 교육 내용
     - 줌코칭 5회, 야외실습 1회, 별내거상센터 1회
     - 단톡방 운영
   - 교육 기간 및 인원
     - 4주 과정, 소수정예

3. 해피유진 1day 클래스 (라이브커머스 1day 집중반)
   - 수강 대상
     - 시간이 부족하여, 하루에 모든 것을 마스터하려는 분
   - 교육 내용:
     - 사전 개인별 상담코칭, 전체 줌수업, 개인 줌수업, 별내거상센터 실습
   - 문의
     - 해피유진 : 인스타 DM @happy.yujin_
     - 거상스쿨 교육팀장 010-5795-8075
     - 거상스쿨 웹사이트 https://geosangschool.com/
     - 거상스쿨 네이버 카페 https://cafe.naver.com/shopmanagement

거상스쿨 유니버스

온라인 판매 6P 성공법칙 →

- **People**
- **Product**
- **Price**
- **Page**
  - 매출 10배 올려주는 상세페이지 기획과 디자인 (2023)
- **Place**
  - 스마트스토어 마케팅 (2018)
  - 인스타마켓으로 월 300벌기 (2023)
- **Promotion**
  - SNS 마케팅
    - 카카오 스토리 채널 마케팅 (2014)
    - 인스타그램 마케팅 (2016)
    - 페이스북 인스타그램 통합 마케팅 (2018)
    - 틱톡 마케팅 (2021)
    - 릴스 마케팅 (2023)
  - 마케팅 일반
    - 매출 10배 올려주는 라이브커머스 마케팅 (2023)

10년간 소상공인과 동고동락하다 보니 거상스쿨만의 세계관이 만들어졌습니다.
마케팅의 고전인 4P 이론에 저희 회사만의 관점을 더해서
온라인판매 6P 성공법칙을 만들게 되었습니다.
6가지 요소별로 집중 연구하고, 책을 출간하고 있습니다.
또한 과목별 집중 코스가 개설되어 있습니다.
거상스쿨 웹사이트와 카페를 참고해 주십시요.